Schriften der Philosophisch-historischen Klasse
der Heidelberger Akademie der Wissenschaften

Band 28 (2003)

ERNST A. SCHMIDT

Augusteische Literatur
System in Bewegung

Vorgetragen am 19. Juni 1998

[handwritten dedication:] Für Susanne Heine / zu Erinnerung / an die Kunstvorlesung / im Wintersemester 2002/03 / und mit allen guten Wünschen / Wien, am 14. Mai 03

[signature:] Ernst Schmidt

UNIVERSITÄTSVERLAG WINTER
HEIDELBERG

Bibliografische Information der Deutschen Bibliothek

Die Deutsche Bibliothek verzeichnet diese Publikation in der Deutschen
Nationalbibliografie; detaillierte bibliografische Daten sind im Internet über
http://dnb.ddb.de abrufbar.

Zum Bild auf dem Deckel:
Rom, Ara Pacis Augustae (13–9 v. Chr.): Aeneas opfert den Penaten.
Bildbeschreibung und Interpretation:
Paul Zanker, Augustus und die Macht der Bilder, München 1987, S. 206–208
Tonio Hölscher, Römische Bildsprache als semantisches System.
(Abhandlungen der Heidelberger Akademie der Wissenschaften,
Philos.-histor. Klasse, Jg. 1987, 2. Abh.), Heidelberg 1987, S. 48.
Vgl. unten S. 44

ISBN 3-8253-1408-1

© 2003. Universitätsverlag Winter GmbH Heidelberg
Imprimé en Allemagne · Printed in Germany
Druck: Memminger MedienCentrum AG, 87700 Memmigen

Gedruckt auf umweltfreundlichem, chlorfrei gebleichtem und alterungsbeständigem Papier

Den Verlag erreichen Sie im Internet unter:
www.winter-verlag-hd.de

Gewidmet
dem Andenken
an meine latinistischen Lehrer

Friedrich Klingner
Viktor Pöschl
L.P. Wilkinson
Ernst Zinn

Vorwort

Die hier vorgelegte Monographie schließt an eigene Arbeiten, zusammenfassend und weiterführend, an und versucht, das dort Intendierte und Implizierte zu explizieren, dabei auch gerade vermittels der verschiedenartigen und einander immer wieder kreuzenden Gedankenlinien zu kontrollieren und besser zu begründen und derart Rechenschaft abzulegen. Der Dialog mit der Forschung anderer findet sichtbar daher insbes. mit neuerer Literatur statt, ist aber indirekt auch dann gegeben, wenn nur eine frühere Schrift des Verfassers zitiert wird.

Das Gitter- oder Netzwerk systematischer und historischer, statischer und dynamischer Perspektiven, synchroner und diachroner Betrachtung unterschiedlichster für die augusteische Literatur typischer Sachverhalte, Vorstellungen und Verfahren läßt weder immer Dubletten vermeiden noch andererseits Vollständigkeit auch nur im Grundsätzlichen, geschweige denn in der Detailillustration, als Ziel erstreben.

Die Abhandlung sollte kurz und in kurzer Zeit lesbar sein. Ein dickes Buch über das Thema zu schreiben, wäre einfacher, aber auch in weiten Teilen überflüssig gewesen angesichts von Werken der jüngeren Zeit wie dem Doppelheft 1/2 des Jahrgangs 90 (1983) der Zeitschrift Gymnasium zur augusteischen Literatur, dem Heft 1 von Klio 67 (1985) mit den Beiträgen der Jenenser Konferenz "Die Kultur der Augusteischen Zeit", den drei von Gerhard Binder herausgegebenen Bänden "Saeculum Augustum" (1987-1991), dem von K.A. Raaflaub und M. Toher herausgegebenen Band "Between Republic and Empire. Interpretations of Augustus and His Principate", Berkeley - Los Angeles - Oxford 1990, der "Geschichte der römischen Literatur" von Michael von Albrecht (1994²) oder der Synopse "Augustan Culture" von Karl Galinsky (Princeton 1996). Auch ohne die illustrierende und interpretatorische Auffüllung des hier gegebenen Koordinatensystems kann die Abhandlung nicht umhin, auch Bekanntes und Anerkanntes noch einmal zu sagen. Es besteht aber die Hoffnung, daß das In- und Nebeneinander von Vertrautem und Neuem, von Ortho- und Heterodoxem das Altbekannte neu und das Neue vertrauenerweckend mache oder jedenfalls nicht befremdlich erscheinen lasse.

Die entschiedene Ablehnung der Betrachtung der augusteischen Literatur als einer Klassik und als eines Klassizismus ist nicht als eine bloße terminologische Stellungnahme oder als überflüssiger Etikettentausch anzusehen. Es geht um geschichtliches Verstehen und um die Folgen und logischen Implikationen bestimmter Zuordnungen, also auch um die geistige Verantwortung für die gewonnenen Einsichten. Die geschichtlichen Gründe, die gegen eine klassische Epoche einerseits und gegen literarischen Klassizismus andererseits sprechen, sind von ganz verschiedener Natur. Ebensowenig hat die Bestreitung des Prädikats 'klassisch' für die augusteische Literatur ein bilderstürmerisches Motiv oder schwimmt in der Strömung eines Entlarvungsaffekts mit*. In der Bewunderung der Größe der augusteischen Literatur steht der Verfasser hinter niemandem unter denen zurück, die es nach einer Epoche 'Klassik' verlangt. Es werden nur Forderungen der historischen Hermeneutik und der Logik anerkannt, wenn die Bereitschaft verneint wird, die für groß gehaltenen Werke der Weltliteratur bald klassischen, bald nach-, bald vorklassischen Epochen zuzuordnen.

---

* Vgl. Fuhrmann (1988) 101 f.: "Man hat den Klassik-Begriff zu demaskieren versucht: er sei nichts als ein Bildungsklischee, eine petitio principii, eine idealistische Chimäre, ja er sei inhuman."

In der Diskussion nach dem Vortrag einiger Thesen dieser Abhandlung vor der philosophisch-historischen Klasse der Heidelberger Akademie der Wissenschaften am 19.6.1998 habe ich wichtige Hinweise in Kritik, Zustimmung und Fortführung erhalten. Ich danke Ina Rösing, Antonie Wlosok, Géza Alföldy, Jan Assmann, Albrecht Dihle, Manfred Fuhrmann, Karl Galinsky, Martin Hengel, Burghart Wachinger* und ganz besonders Arthur Henkel, dessen nobler Überlegenheit ich nicht zum ersten Mal entscheidende Hilfe verdanke.

Mit ihrer ersten Durchsicht des Manuskripts hat mir Frau Marion Bauer in bewundernswerter Sorgfalt und wachem Nachvollzug der Argumentation eine mühselige Arbeit abgenommen und Fehler entdeckt, die mir verborgen geblieben wären.

Die abschließende Redakion habe ich in der harmonischen und sammelnden Atmosphäre der Fondation Hardt durchführen können.

La Chandoleine, Vandoeuvres im Februar 2002   E.A.S.

---

* Burghart Wachinger hat mich auf das folgende Werk aufmerksam gemacht: Hugo Kuhn, Entwürfe zu einer Literatursystematik des Spätmittelalters, Tübingen 1980 und mir diesen von ihm herausgegebenen Band auch geschenkt. So verschieden mein Versuch auch von Kuhns Unternehmen ist (wie es bei der Verschiedenheit der Gegenstände und der jeweiligen Fachtraditionen wohl auch nicht wundernehmen muß), so bin ich doch immer wieder auf Übereinstimmungen und Analogien gestoßen, die z.T. im folgenden in Anmerkungen verzeichnet werden sollen. Um gleich hier mit einem Zitat zu beginnen: ich sehe eine Analogie zu der Metaphorik der beiden ersten Absätze dieses Vorworts in dem Satz Kuhns (75): "Es muß [...], mit einem Bild gesprochen, versucht werden, Felder von Wirkungslinien aufzubauen, in denen die jeweilige Situation der Literatur, sowohl die kulturabhängige wie die kulturbestimmende Sprachfunktion, als jeweils andere und neue sichtbar wird."

Inhaltsverzeichnis

1. Kapitel

Die augusteische Literatur
als eigene literaturgeschichtliche Epoche

Der Versuch, die augusteische Literatur zu charakterisieren, setzt voraus, daß sie eine distinkte Einheit und eine Ganzheit ist. Eine Einheit zu sein, bedeutet für die Literatur einer bestimmten Zeit auch das Herausgehobensein als eine eigene literaturgeschichtliche Epoche (dies im Unterschied zu dem Einheitscharakter literarischer Gattungen)[1]. Diese sachliche Bedingung hat aber nicht ihrerseits wieder zur notwendigen Voraussetzung, daß sie von der Fachwissenschaft, sei es überhaupt, sei es allgemein, anerkannt wird. Es kann sinnvolle wissenschaftliche Unternehmen geben, die darin bestehen, ihren Gegenstand allererst zu konstituieren. Wiewohl die selbständige Einheit einer augusteischen Literaturepoche keineswegs generell bezweifelt wird[2], ist der folgende Versuch doch auch als Konstitution des Gegenstandes 'augusteische Literatur' zu verstehen, indem ihr Einheitscharakter durch bessere Beschreibung und Deutung neu begründet und konstituiert werden soll. Man könnte nun, um zu diesem Ziel zu gelangen und zugleich in die Auseinandersetzung mit der Position zu treten, die der augusteischen Literatur den Einheitscharakter nicht zugesteht, eine solche Epocheneinheit hypo-

[1] Vgl. Kuhn (1980) 24 und 39: Um 1150 beginnt „eine neue europäische Literaturepoche", vollzieht sich der Übergang „vom Hoch- zum Spätmittelalter". Vgl. 53 und auch 55 (das 13. Jh. als Zwischenepoche vor dem eigentlichen Spätmittelalter).
[2] Zur Geschichte der verschiedenen literaturgeschichtlichen Periodisierungen vgl. Kirsch (1985), bes. 49–53.

thetisch voraussetzen und dann die Teilhabe ihrer literarischen Werke an identischen Charakteristika nachweisen und auf diese Weise die Anfangshypothese verifizieren. Obwohl die folgenden Kapitel und Thesen eben dieses Ziel verfolgen, soll doch zuvor und zwar ohne vollständigen Vorgriff auf die spätere Argumentation plausibel gemacht werden, daß die Ansetzung einer gesonderten Epoche sinnvoll und erhellend ist. D.h. die These, daß die augusteische Literatur eine eigene literaturgeschichtliche Epoche bildet, ist vorläufig zu begründen.

Dabei erscheint die Vorbemerkung nicht unangebracht, daß es literaturgeschichtliche Epochen so wenig 'an sich' gibt wie andere geschichtliche Epochen. Sie sind Setzungen, hermeneutische Konstrukte, und ihr Wert liegt allein in dem Gewinn, den sie für das Verständnis einbringen. Unterschiedliche Epochensetzungen erweisen sich nicht als richtig oder falsch, sondern als fruchtbar („was fruchtbar ist, allein ist wahr": Goethe) oder als erkenntnishemmend.

Konsens scheint darüber vorzuliegen, daß es sinnvoll sei, eine Zäsur in der Literaturgeschichte um die Zeit von Augustus' Tod und Tiberius' Herrschaftsantritt anzusetzen und in diesem Einschnitt demnach eine Epoche als beendet zu betrachten, sei diese nun als die augusteische Zeit oder als eine umfassendere Einheit zu bestimmen. Wir betrachten daher die Literaturepoche, um die es hier geht, als mit den folgenden Werken abgeschlossen: dem Rechenschaftsbericht des Augustus in seiner Endredaktion und dem vierten Buch der ovidischen *Epistulae ex Ponto*.

Natürlich kann man einen literarischen so wenig wie jeden anderen Epochenwechsel auf das Jahr genau datieren. Man sollte die Todesjahre von Augustus (14 n. Chr.), Ovid und Livius (beide um 17 n. Chr.) vielmehr als symbolische Grenzdaten anschauen. Und natürlich gibt es im Bereich jeder Epochengrenze Grenzphänomene sowie Abgrenzungs- und Zuordnungsprobleme.

Die Zuordnungsproblematik wird für die Grenze zwischen augusteischer Epoche und der Silbernen Latinität durch die *Astronomica* des Manilius beleuchtet, ein Werk, das in einem Zeitraum entstanden ist, der auf beiden Seiten jener Grenzlinie liegt. Auch haben wir nicht in jedem Fall schon immer eindeutige Kriterien gehabt, um ein literarisches Produkt relativ zu dieser Zäsur sicher zu datieren. So mochte die Schrift Περὶ ὕψους eines Anonymus entweder als frühkaiserzeitlich[3] oder als noch augusteisch[4] erscheinen, bis Konrad Heldmann die falsche Prämisse dieser Problemstellung aufdeckte und die Schrift in den auf den taciteischen *Dialogus* folgenden Diskussionszusammenhang verwies[5].

Damit konnte natürlich die Zäsur selbst nicht deutlicher werden, weil gegenüber dem fraglichen Befund – historisch-politische Aitiologie des Verfalls der Redekunst – spätaugusteisches und frühkaiserzeitliches Denken sich insofern nicht unterscheiden, als der Befund für beide nicht existiert. Aber wir können doch generell augusteisch und silbern differentialdiagnostisch trennen[6]. So zeigt etwa der Stil eines sicher datierten Werkes wie der *Historia Romana* des Velleius Paterculus, 30 n. Chr. publiziert, Mittelstellung zwi-

---

3   So z.B. Fuhrmann (1992) 163f.
4   So Goold, G.P. (ed.): Manilius, Astronomica, Cambridge/Mass.-London (Loeb) 1977, xiii nach Richards, G.C.: The Authorship of the Περὶ ὕψους, Class. Quart. 32 (1938) 133–134 und Mazzucchi, C.M. (ed.): Dionisio Longino, Del Sublime. Introduzione, testo critico, traduzione e commentario, Milano 1992 (Biblioteca di Aevum Antiquum – 4), xxxii–xxxiv. Goold verweist a.O. auf eine eigene frühere Arbeit, ohne diese zu nennen („„elsewhere"); diese ist bei Martano, G.: Il 'Saggio sul Sublime', ANRW II.32.1 (1984) 364–403; hier: 400–403 nicht aufgeführt. Vgl. bei Martano auch 366–370. – Russell, D.A. (ed.): 'Longinus', On the Sublime. Ed. with Introduction and Commentary, Oxford 1964, xxix sq. betont die geistige Zeitgenossenschaft mit Philon von Alexandrien (geb. 15/10 v. Chr.).
5   Heldmann (1982) 286–293.
6   Die Datierungsunsicherheit gegenüber den Elegien des Lygdamus ([Tib.] 3,1–6) spricht nicht wirklich dagegen. Ihre Nähe zu Tibull und Ovid wird allgemein anerkannt; enge Imitatio (beim Fehlen echter Innovation und entschiedener poetischer Kraft) ist grundsätzlich selbst noch am Ende des 1. Jhs. n. Chr. möglich.

schen Cicero und Seneca[7] bzw. eine auf Seneca vorausdeutende Zerbröckelung der ciceronianisch-livianischen Periode, wie sie z.B. in den rhetorisierten Proömien des Vitruvschen Architekturwerks noch nicht zu beobachten ist[8].

Zugleich ist Velleius für uns der erste Autor (also vor Seneca dem Älteren), der auf die Literatur der jüngeren Vergangenheit als auf ein abgeschlossenes Kapitel zurückblickt (*Hist. Rom.* 1,16–18; 2,36), wenn er auch zwischen seiner Gegenwart und dieser Zeit nicht trennt und sich (noch) als Angehörigen jenes großen Zeitalters empfindet.

Ein scharfes Licht fällt auf die Problematik von Epochengrenzen auch von Ovids letzter Elegie, *Pont.* 4,16. Die Verse 5–36 enthalten den folgenden Katalog zeitgenössischer Dichter (hier alphabetisch geordnet): Camerinus, Capella, Carus, Fontanus, Grattius, Largus, Lupus, Macer, Marius, Marsus, Melissus, Montanus, Numa, Passer, Pedo, Priscus I, Priscus II, Rabirius, Rufus, Sabinus, Severus, Turranus, Tuscus, Varius. Da diese Autoren gewiß nicht alle simultan mit *Pont.* 4,16 zu schreiben aufgehört haben, liegt die angesetzte Epochengrenze innerhalb ihrer Schaffenszeit. Diese Problematik ist aber weder spezifisch noch überhaupt besonders bedenklich, sondern besteht bei allen geschichtlichen Epochensetzungen. Übergangs- und Grenzphänomene vermögen das Epochenkonzept nicht in Frage zu stellen, weil angesichts des Prozeßcharakters von Geschichte Epochen gewissermaßen aus dem Kraftfeld ihrer Mitte

[7]   Vgl. Fuhrmann, Manfred: Art. Velleius Paterculus, Kl. Pauly, Bd. 5, München 1975, Sp.1161f.; hier: Sp.1162; von Albrecht (1994) 845.
[8]   Vgl. Dihle, Albrecht: Art. Velleius Paterculus, RE 8A 1, Stuttgart 1955, Sp.637–659; hier: Sp.647–650.

heraus begriffen werden müssen[9]. Zuordnungsschwierigkeiten im Bereich geschichtlicher Grenzen sind also das Gegebene, ja, sie sind geradezu konstitutiv.

Worauf Ovids Katalog von Dichtern, die fast alle für uns reine Schemen sind, ebenfalls verweist, ist das Folgende. Wir kennen in der Regel nicht das gesamte Schrifttum einer Epoche, und dies gilt für die Antike in besonderer Weise. Aber so wie es legitim und möglich ist, die griechische Tragödie zu charakterisieren, obwohl wir von ungefähr 1230 Tragödien und Satyrspielen von etwa 75 tragischen Autoren des 5. Jhs. v. Chr. nur 33 vollständige Stücke dreier Dichter besitzen, so muß auch eine Charakteristik der augusteischen Literaturepoche von dem Erhaltenen aus grundsätzlich gewagt werden können, also von Livius und Vitruv, von Vergil und Horaz, von Properz, Tibull und Ovid aus, zumal wir vermuten können, daß diese Autoren zu den bedeutenderen gehört haben und daß gerade ihnen das distinktiv Augusteische einer augusteischen Literaturepoche verdankt wird. Die folgende Betrachtung geht fast ausschließlich von erhaltenen Werken und großen Namen aus. Autoren wie die 24 von Ovid genannten Namen können für unser Bild der augusteischen Literatur nichts Nennenswertes bedeuten.

Der zuvor genannte Velleius kann zugleich auch als ein erster Kronzeuge für die Einheit der ciceronisch-augusteischen Epoche und d.h. für die Bestreitung der augusteischen Literaturepoche im Sinne ihrer Differenz gegenüber den vorangegangenen Jahrzehnten und für die Leugnung einer Zäsur zwischen Cicero, Caesar, Lukrez, Catull, den Neoterikern auf der einen und Vergil, Horaz, Livius usf.

---

[9] Vgl. Heuß (1946) 61: eine „Epoche im Sinne eines Zeitalters" liegt vor, wenn sie „von einem beherrschenden Inhalt erfüllt ist und in ihm (ihre) Mitte hat".

auf der anderen Seite herangezogen werden[10]. Eine solche Position nimmt vor allem Manfred Fuhrmann ein, der einerseits an dem literaturgeschichtlichen Schema Vorklassik-Klassik-Nachklassik hängt und andererseits die als 'klassisch' betrachtete Prosa Ciceros auch in einer Epoche 'Klassik' plazieren möchte[11]. Er läßt die Vorklassik „bis etwa 100 v. Chr." reichen und die Klassik „nach dem Jahre 90 v. Chr." beginnen. Andererseits teilt er die Epoche der Klassik doch in zwei Abschnitte auf: „Die Klassik läßt deutlich zwei sich überschneidende Phasen erkennen, die ciceronische und die augusteische Zeit; der Übergang fiel in die Jahre um 40 v. Chr. Die beiden Phasen zeigen Unterschiede. So hatte in ciceronischer Zeit die Prosa den Vorrang inne; später, unter Augustus, überwog die Dichtung. Vor allem rief der Kontrast der Verhältnisse – der Bürgerkriege einerseits, des Augustus-Friedens andererseits – gegenläufige Tendenzen hervor."

Wenn Fuhrmann auch im Anschluß an diese Sätze wieder „die Gemeinsamkeiten der beiden Phasen" betont, die, „jedenfalls aus literarhistorischer Perspektive", „wichtiger als derlei Divergenzen" seien, und dann auch, zu Recht, einige Kontinuitäten nennt[12], auf die auch ich zu sprechen kommen werde, so können wir doch zunächst

---

10 Vgl. Heldmann (1982) 150: „das wohl früheste Zeugnis für die Konstituierung einer 'klassischen Periode' der römischen Literatur überhaupt"; Wlosok (1993) 343. – Velleius trifft allenfalls chronologische Differenzierungen oder trennt Generationen (d.h. unterscheidet keine Epochen) im Blick auf die jüngere Vergangenheit, wenn er einmal Livius 'noch zu den Historikern der früheren Zeit rechnen will' (1,17,2: „Historicos etiam, ut Livium quoque priorum aetati adstruas, [. . .]"), ein anderes Mal Vergil, Raberius, Livius, Tibull und Ovid 'zu unserer Zeit' zählt (2,36,3: „nostri aevi"). D.h. beim Rückblick kann sich die Grenze zwischen Gegenwart (Zeitgeschichte) und Vergangenheit (Geschichte) je nach Blickpunkt verschieben.
11 Fuhrmann (1974 b) 14–21 (die folgenden Zitate in diesem Absatz auf den Seiten 14, 16 und 18); ähnlich zuvor Pöschl, Viktor: Art. „Literatur II (Röm. Literatur)" in: dtv-Lexikon der Antike,. Philosophie, Literatur, Wissenschaft, Bd.3, München 1969, 67 f.; Fuhrmann (1999) 45 ff.
12 Fuhrmann (1974 b) 18.

festhalten, daß man offenbar nicht umhin kommt, die Verschiedenheit der augusteischen und der ciceronischen Literaturphasen anzuerkennen. Bei Aufgabe des Schemas Vorklassik-Klassik-Nachklassik verlieren diese beiden Epochen ihren stärksten Zusammenhalt,
derart, daß das Kräftespiel zwischen Divergenzen und Gemeinsamkeiten, zwischen Zäsur und Kontinuität gemessen werden muß und
nicht mehr dezisionistisch mit der Festlegung, was das literaturgeschichtlich Wichtigere sei, erledigt werden kann. Auch ist die bloße
Feststellung von Kontinuitäten geschichtlich für die Erkenntnis von
Epochen und deren Grenzen ein stumpfes Instrument; identische
Sachverhalte können in epochal verschiedenen Funktionen begeg-
nen, und die Kontinuität kann das Ergebnis einer bewußten Traditi-
onsbildung darstellen.

So berechtigt der Wunsch erscheint, sowohl Cicero als auch
Vergil als Klassiker zu betrachten, und so evident die Beobachtung
einer ungewöhnlichen Dichte von Meisterwerken ('Klassikern') in
der Zeit von Cicero und Lukrez bis Ovid auch ist, so hat doch die
Ansetzung einer Epoche mit dem Namen 'Klassik' ('Gipfel'-Epo-
che) eine Reihe von Mißlichkeiten und Widersprüchen im Gefolge,
die daher rühren, daß geschichtliche Betrachtung von Literatur mit
literarkritischer Bewertung kontaminiert wird und infolgedessen die
implizite Auffassung der Geschichtlichkeit der Literatur einem bio-
logistischen Modell (Jugend, Reife, Alter) folgt[13].

Da Klassik bei Fuhrmann, wie ähnlich auch bei Pöschl, in erster
Linie ein Wertbegriff und das Urteil von Größe und Vollendung ist,
müßte die Setzung einer klassischen Epoche logischerweise die

---

[13] Vgl. Most (1989) 2 f.: „Von Winckelmann erbte das neunzehnte Jahrhundert [. . .] seine
    tragende Metaphorik eines organischen Reifungsprozesses mit den drei Momenten des
    Noch-Nicht-Reifen, des Reifen, und des Überreifen." Zur Vorgeschichte dieser Metapho-
    rik für die römische Literaturgeschichte vgl. Fuhrmann (1983) 58 ff. Zur Charakteristik
    einer Epoche als 'Noch nicht' und als Vorbereitungszeit vgl. die Feststellung von Heuß
    (1946) 62, daß dies „für jede Periode in Bezug auf die ihr folgende" zutreffe.

Aberkennung des Ehrentitels 'klassisch' für alle großen Autoren und Werke anderer Zeiten bedeuten (und natürlich erst recht für die griechisch-römische Antike überhaupt – so daß zugleich mit der 'klassischen Antike' auch die Bezeichnungen 'Klassische Philologie', 'the classics' usf. hinfällig würden). Cicero oder Vergil, je nachdem von wem man ausgeht, hätten also gewissermaßen Glück gehabt, daß ihre Werke so nah und zwischenzeitlos nacheinander entstanden, weil sie nur auf diese Weise beide Klassiker werden konnten. Bleiben aber auch Homer und Pindar, Plautus, Tacitus und Augustin Klassiker, dann sähe man sich dem mißlichen Zwang ausgesetzt, zwischen klassischen und un- bzw. vor- oder nachklassischen Klassikern zu unterscheiden.

Aus dem primären Wertcharakter des Prädikats 'klassisch' folgt weiter, daß eine als Klassik betrachtete Epoche offenbar nicht die Klassizität aller in ihr entstanden en Werke besagt, sondern nur den zeitlichen Zusammenhang großer Werke, also die Produktivität eines Zeitalters, eine Blütezeit. Oder sollen alle Werke Ciceros klassisch sein, von der ersten Prozeßrede an (81 v. Chr.) – Fuhrmann läßt die Klassik ja nach 90 v. Chr. beginnen – und auch unter Einschluß seiner Dichtungen? Sind die Reden aller Zeitgenossen klassisch? Ein weiteres Problem entsteht angesichts der zeitlichen Verschiebung Vergils und Horazens gegenüber Cicero für das Klassische und die Klassik, nämlich dadurch, daß Ciceros 'Vorläufer' als vorklassisch eingestuft werden können, die 'Vorläufer' der augusteischen 'Klassiker' Vergil und Horaz, Properz und Tibull, nämlich Lukrez, Catull, die Neoteriker, Gallus, wie auch Cicero, Caesar, Sallust selbst schon klassisch sein sollen und jedenfalls nach Fuhrmanns Epochenansatz nicht als 'vorklassisch' betrachtet werden dürfen. Hat man mit dem Klassischen schon Probleme genug, selbst bei strengster Beschränkung auf allein Cicero, Vergil und Horaz, so steigern sich diese, wenn man den Gallus-Papyrus von Qasr Ibrîm oder das Attis-Gedicht Catulls als klassisch zu deuten sich gezwungen sieht[14].

Das Schema Vorklassik-Klassik-Nachklassik hat darüber hinaus den für geschichtliche Erkenntnis fatalen Nachteil, daß es die innere Differenzierung der Epochen Vorklassik und Nachklassik verhindert außer allein in dem Sinn, daß die Vorklassik genannte Epoche ein teleologischer Prozeß auf die Klassik zu sei, die Nachklassik ein Prozeß von der Klassik fort und daher Nähe und Ferne zur Klassik die einzigen Parameter geschichtlicher Standortbestimmung werden[15].

Schließlich trifft ein Argument Fuhrmanns zugunsten der Einheit der ciceronianischen und der augusteischen Literatur nur die Kontrahenten, die zwar eine eigene augusteische Epoche ansetzen, im übrigen aber seine Prämissen teilen, d.h. wie er selbst an der Bezeichnung 'Klassik' festhalten und zugleich dem Schema 'Vorklas-

---

[14] Von einer Kritik an einzelnen Bestimmungen von Klassik und ihrer Prädikation von Werken der augusteischen Zeit sehe ich hier ab. Die sog. 'klassische Dämpfung' ist besonders suspekt, nicht allein, weil es auch 'gedämpfte Werke' aus 'unklassischer Zeit' gibt (z.B. die Epigramme des Kallimachos oder die Dichtungen Theokrits), sondern auch, weil man aus der augusteischen Dichtung vieles 'Ungedämpfte' nennen kann, das hinter Passagen aus Homer, Euripides, Lukrez, Seneca oder Tacitus nicht zurückbleibt. Um nur einige Extremfälle zu nennen: Horaz, *Epoden* 5, 8, 12; Tötungsszenen in der *Aeneis*; Tumult- und Tötungsszenen in Ovids *Metamorphosen* (z.B. *met.*12,252 f.: „exsiluere oculi, disiectis ossibus oris / acta retro naris medioque est fixa palato"); Ovids Elegien über Haarausfall oder Abtreibung (*am.*1,14 und 2,13/14). Vgl. die Nachweise bei Fuhrmann (1968). Darüber hinaus ist die Kategorie der 'klassischen Dämpfung' im Blick auf die augusteische Literatur überhaupt unverständlich: Was versteht man, wenn man Horazens Satiren, seine Oden, Vergils *Georgica* und *Aeneis*, Properzens Elegien, das livianische Geschichtswerk 'gedämpft' nennt? Andere Charakteristika der augusteischen Literatur, die als typisch für Klassik genannt werden, lassen sich durchaus beibehalten, wenn man darauf verzichtet, die Koinzidenz von Qualität und Nicht-Barock klassisch zu nennen und von der (damit logisch implizierten) Verurteilung barocker Merkmale absieht.

[15] Vgl. Kuhn (1980) 53 und 55: Für die Beurteilung der Literatur des 13. Jhs. kann nicht „das traditionelle Epigonen- und Verfalls-Schema" maßgeblich sein. „Ohne Befreiung von der Beherrschungskraft klassischer Normen ist auch eine Literaturgeschichte der Qualitäten nicht möglich."

sik-Klassik-Nachklassik' anhängen: Es ergebe sich „die sonderbare Konsequenz, daß, da die augusteischen Dichter, wie Vergil, Horaz oder Ovid, offensichtlich als 'Klassiker' gelten müssen, die großen Prosaiker der vorausgehenden Zeit, Cicero, Caesar oder Sallust, nur den Rang von 'Vorklassikern' beanspruchen dürfen"[16].

Die symbolische Grenze zwischen der ciceronischen und der augusteischen Epoche kann mit den Jahreszahlen 44–42 v. Chr. angegeben werden, wobei vier Ereignisse den Charakter des politischen und geistigen Umbruchs andeuten sollen: die Iden des März 44, Ciceros Ermordung Anfang Dezember 43, die Divinisierung Julius Caesars am 1.1.42, d.h. der Beschluß eines Tempels für den Divus Julius auf dem Forum Romanum, samt dem Namen C. Julius Divi Filius Caesar, mit dem sich Octavian von da an bezeichnet, und die Doppelschlacht bei Philippi im Herbst 42. Nachdem Caesars Ermordung und Ciceros *Philippicae* ein letztes Aufbäumen der Republik im Todeskampf gewesen waren, symbolisieren die nächsten drei Ereignisse den von ihr empfangenen Todesstoß und zugleich das Signal eines neuen Zeitalters.

Die von Fuhrmann zuletzt doch wieder als literaturgeschichtlich unerheblich eingestufte Differenz zwischen Prosavorrang in ciceronischer und Poesievorrang in augusteischer Zeit kann wohl in ihrer Epochenbedeutung kaum überschätzt werden. Die Umsetzung griechischer Philosophie in römische literarische Werke und ihrer Begriffe in lateinische Wörter war eine Gipfelleistung abschließenden Charakters gewesen. Es gibt, auch literaturgeschichtlich, den Schatten der Meisterleistung. Der Tod Ciceros, d.h. die Beseitigung des Orators der *Philippicae*, steht als blutiges Realsymbol für Ciceros Diagnose des Endes der Rhetorik im *Brutus* (47/46 v. Chr.) und für die von Tacitus im *Dialogus de Oratoribus* gegebene Aitiologie des diagnostizierten Verfalls der Redekunst in der Monarchie. Nach

---

[16] Fuhrmann (1999) 47.

Heldmanns Nachweis ist Tacitus der erste Autor, der diese politisch-
historische Deutung gibt. Von einer die ganze frühe Kaiserzeit
bestimmenden Diskussion über die Ursache des Verfalls der Redekunst nach Cicero kann nicht die Rede sein – dieses Urteil hatte das
Hauptmotiv für die Frühdatierung von Περὶ ὕψους abgegeben –,
vielmehr gilt noch am Ende des 1. Jhs. n. Chr. für die Literarkritik,
„daß die Blütezeit der römischen Redekunst die knapp vier Jahrzehnte des ciceronischen Wirkens un*d* das sich anschließende erste halbe
Jahrhundert der Entstehung und Konsolidierung des Prinzipats bis
zum Tode des Augustus umfaßt"[17].

Wenn wir uns also im Streit um die Sonderstellung der augusteischen Literatur auf die Seite des politischen Historikers schlagen –
'Wie um die neue Ära zu signalisieren', schreibt Winterbottom in
der Einleitung seiner Loeb-Edition des Älteren Seneca[18], „As if to
signal the new era", 'deklamierten (d.h. sprachen Deklamationen)
Cicero [. . .], Hirtius und Pansa miteinander nach der Ermordung
Caesars 44' – und wenn wir diese Position sogar auf die Dichtung
ausdehnen, so könnte der Einwand erhoben werden, hier würden
Literaturgeschichte und ihre Periodisierung in zu enger Abhängigkeit von der politischen Geschichte[19] betrachtet[20]. Diesem Einwand
ist entgegenzuhalten: So wenig man in der Tat generell die politische
Ereignisgeschichte Roms und die römische Literaturgeschichte

---

17 Heldmann (1982) 151. Zur Datierung von Περὶ ὕψους, Kap.44 nach dem Dialogus:
   286–293. Auch Seneca maior, Contr.1, praef.6–7 ist kein Zeuge für nach Cicero einset-
   zenden Verfall der Redekunst; Heldmann 95–97 zeigt, daß der moralisch gedeutete Verfall
   der Redekunst erst der Gegenwart des Autors angehört, zwei Generationen nach dem
   Höhepunkt in Cicero; die späte Republik (Cicero) und die frühe Kaiserzeit bilden für
   Seneca „ein Kontinuum als die große Epoche römischer Beredsamkeit" (97).
18 Winterbottom (1974) I ix.
19 Dies wäre wohl ein Erbe von Friedrich August Wolf. Vgl. Most (1989) 13.
20 Immerhin ist zu bedenken, daß die allgemeinhistorische Periodisierung im Fall des
   augusteischen Zeitalters offenbar von der Literaturgeschichtsschreibung übernommen
   worden ist. Vgl. Kirsch (1985) 51 f. Zur Hervorhebung des Zeitalters des Augustus in der
   frühneuzeitlichen Periodisierung der römischen Literatur vgl. Fuhrmann (1983) 59 f.

strikt parallelisieren sollte, so wenig geht es auch im Fall der augusteischen Literatur prinzipiell um die Herstellung einer Koinzidenz
von politischer und literarischer Geschichte, geschweige denn um
die Behauptung der Abhängigkeit der letzteren von der ersteren.
Vielmehr handelt es sich um die Beobachtung eines umfassenderen
geschichtlichen Prozesses, der sich sowohl politisch als auch litera-
risch, sowohl sozial- als auch kultur- und mentalitätsgeschichtlich
manifestiert. Infolgedessen ist ein Unternehmen wie das von Karl
Galinsky, der in seinem Buch „Augustan Culture. An Interpretive
Introduction", Princeton U.P. 1996 eine „synoptic study of the main
aspects of Augustan culture" (ix) vorlegt[21], legitim und möglich und,
in diesem Fall, auch weitgehend erfolgreich. Entsprechend dem
umfassenderen geschichtlichen Prozeß werden daher hier auch, wiewohl erst Actium und Alexandria (31/30 v. Chr.) die Voraussetzung
für den Prinzipat schaffen und erst der Januar 27 v. Chr. die Macht-
stellung Octavians legalisiert und den Namen Augustus einführt,
nicht diese Jahre als Anfang der augusteischen Literaturepoche
gesetzt, sondern mehr als ein Jahrzehnt, die vorangegangene Triumviratszeit, wird miteinbezogen. Die augusteische Literatur ist gegenüber der augusteischen Zeit als einer Epoche der politischen Ereignisgeschichte, gegenüber der Prinzipatsideologie und der bildenden
Kunst 'phasenverschoben' im Sinn der Priorität[22].
    Es gibt keine generellen oder generell verallgemeinerungsfähi-
gen Konstituentien (literar)historischer Epochen[23]; vielmehr ist auch
der Epochencharakter einer Epoche aus ihren spezifischen Eigenarten heraus zu begründen. So ist die Ansetzung einer literaturgeschichtlichen augusteischen Epoche in Kongruenz mit einer Epoche

---

[21] Vgl. die Kurzrezension von Schmidt, Ernst A. in: Mus. Helv. 55 (1998) 247.
[22] Vgl. Binder I (1987) 15 f.; Schäfer (1983).
[23] Vgl. Kuhn (1980) 74: Um eine Literaturepoche als strukturierte Einheit bzw. als einheit-
    liche Struktur begreifen zu können, ist „der Abschied von überzeitlicher Literaturtypolo-
    gie" notwendig.

politischer Geschichte nicht ein methodischer Verstoß gegen eine
Regel, die besagte, die Epochen der römischen Literaturgeschichte
seien unabhängig von der politischen Geschichte zu bestimmen[24],
sondern Konsequenz aus der spezifischen Eigenart der augusteischen Literatur, Reflexion der besonderen geschichtlichen Situation
der Zeit zu sein und in ganz neuer und ungewöhnlicher Weise um
Rom, um die politische Gegenwart und ihre Vorgeschichte zu kreisen. Man macht also die augusteische Literaturepoche nicht zum
Abbild einer Epoche der politischen Geschichte, wenn man sie zu
einer eigenen Einheit zusammenfaßt, sondern definiert ihren distink-
tiven Charakter.

Der fehlende Bruch gegenüber der neoterischen Poesie oder die
scheinbare Einheit der spätrepublikanischen (ciceronischen und neoterischen) und der augusteischen Literatur in bestimmten Charakteristika sind nicht Beweis einer einheitlichen Literaturepoche, sondern Zeichen besonderer Eigenheiten der augusteischen Literatur:
Die 'Klassizität' der spätrepublikanischen Prosa (Cicero, Julius
Caesar) wird zur Voraussetzung der 'Klassizität' der augusteischen
Poesie, wobei das Verdämmern großer oratorischer und philosophi-
scher Prosa und die Dominanz der Dichtung die Epochendifferenz
evident machen. Das Fehlen des Vatermordes (der nur voreilig als
allgemeingültiges konstitutives Merkmal geistiger Epochen angesehen werden kann) gegenüber der Literatur der vorangegangenen
Epoche erklärt sich aus der epochenspezifischen Eigenart augusteischer Literatur, sich als Erbe und Verwalter aller bisherigen Litera-

---

[24] Fuhrmann (1999) 47 polemisiert zu Recht dagegen, „Kategorien des politischen Wandels
mechanisch auf die Literaturgeschichte anzuwenden", denn alles, was im Prozeß wissen-
schaftlicher Forschung und geschichtlichen Verstehens 'mechanisch' geschieht, ist nicht
verantwortete Wahrheitsermittlung. Über die Möglichkeit der Koinzidenz politischen,
kulturellen und literarischen Wandels in bestimmten geschichtlichen Phasen ist mit der
Ablehnung mechanischen Parallelisierens nichts gesagt.

tur, und zwar sowohl der griechischen wie der römischen Literaturgeschichte, zu verstehen und zu betätigen.

Vor den Ausführungen in Kapitel 3, d.h. vor der näheren Begründung, warum die Kontinuität mit der vorangegangenen Literaturepoche nicht als Kriterium der Einheit der beiden Epochen angesehen werden darf, und vor der Zuordnung dieses auffälligen Phänomens zu einem allgemeineren epochenspezifischen Komplex, läßt
sich im Kontext der Überlegungen hier zur Epochensetzung bereits
formulieren, daß die Kontinuität der neoterischen Poesie in die Zeit
der augusteischen Dichtung hinein mit einer Metamorphose verbunden ist, die dem politischen, gesellschaftlichen und mentalen Wandel
der Vierziger und Dreißiger Jahre entspricht.

Beginnt eine Epochengrenze zwischen dem ciceronischen Zeitalter und der augusteischen Literaturepoche plausibel zu werden, so
muß doch auch gleich wieder auf Übergangsphänomene aufmerksam gemacht werden. Zwar sind die Autoren Lukrez, Catull, Caesar,
Cicero, die Repräsentanten der voraugusteischen Epoche, alle vor
der Schlacht bei Philippi tot; zwar sind die Elegien des Cornelius
Gallus in den Vierziger Jahren entstanden; zwar sind keine Werke
neoterischer Autoren aus den Dreißiger Jahren erhalten; zwar haben
die großen augusteischen Dichter nichts vor 42 v. Chr. Verfaßtes
bewahrt und publiziert – Vergils neoterische Jugendgedichte aus den
Fünfziger und Vierziger Jahren, gesammelt im sog. *Catalepton*[25],
sind posthum herausgegeben worden und hindern uns nicht, den
Dichter des publizierten Œuvres ganz als augusteischen Autor zu
betrachten. Aber ein mit Catull etwa gleichaltriger Autor, Sallust,
geboren 86 v. Chr., verfaßt sein literarisches Œuvre erst nach Caesars
Tod, in dem Jahrzehnt bis zu seinem eigenen Tod 34 v. Chr., also

---

[25] Zu ihrer Echtheit (bis auf *cat.* 9 und, natürlich, *cat.* 15, das Epigramm des Herausgebers)
vgl. Carlson, Gregory I., S.J. and Schmidt, Ernst A.: Form and Transformation in Vergil's
Catalepton, Am. Journ. of Phil. 92 (1971) 252–265; Schmidt, Ernst A.: Stationen der
Wirkungsgeschichte Catulls, Gymn. 102 (1995) 44–78, hier: 55–61.

parallel mit Vergils *Eklogen* und Horazens *Epoden* und *Satiren*. Und dieses Werk gehört, auch vom biographischen Muster her – Schriftstellerei nach politischer Aktivität – , noch in die Republik und in die ciceronische Ära.

2. Kapitel

Die augusteische Literatur als Übergangsphänomen und Prozeß: Ihre nicht-statische Einheit als System in Bewegung

Übergangsgestalten und -werke in den Grenzbereichen sind im Fall keiner Epochensetzung von vornherein so etwas wie Ausnahmen oder Gegeninstanzen. Es gibt im Kontinuum der Geschichte keinen Punkt, an dem alle Geister einer Zeit tot und alle Geister einer neuen Zeit noch nicht geboren sind. Sallust und Manilius widerlegen daher den Ansatz einer eigenen Epoche zwischen republikanischer und frühkaiserzeitlicher Literatur nicht.

Für die augusteische Literatur gilt aber, wie natürlich für jede Epoche (nur daß dies angesichts der Kürze des Zeitraums von nur etwa 55 Jahren besonders auffällt): Sie ist nicht ein statischer Block, sondern stellt selbst ein Übergangsphänomen dar, eben zwischen republikanischer und frühkaiserzeitlicher Literatur. Sie ist ein Prozeß, der von Sallust zu Manilius bzw. von Vergils Eklogen und Horazens Epoden zu Ovids Fasten und seiner Exildichtung führt.

Damit ist gesagt, daß die augusteische Literatur weder mehr republikanisch noch schon kaiserzeitlich ist, ein 'Weder-Noch' und auch ein 'Sowohl-Als auch', das so offenbar auch für die politische Geschichte Roms der Triumviratszeit und des augusteischen Prinzipats gilt. Der Prozeßcharakter der Prinzipatsbegründung ist gerade in jüngster Zeit von Historikern stark betont worden, wozu insbes.

auf die Kapitel 2 und 3 von J.A. Crook in der „Cambridge Ancient History", Band X, 2. Aufl. (1996) zu verweisen ist[26]. Dominant wird das Prozessuale in der Deutung und Illustration der augusteischen Kultur durch Karl Galinsky (1996), wo allerdings gerade die Literatur nicht als Prozeß vorgeführt wird[27]. Für die bildende Kunst, einschließlich der Architektur, hatte vor Galinsky das einflußreiche Buch „Augustus und die Macht der Bilder" (1987) von Paul Zanker den Entwicklungsprozeß nachgewiesen.

Die Republik verschwand so wenig schlagartig, wie der Prinzipat, geschweige die Monarchie, als voll ausgeprägtes System an einem festen Datum geboren wurde. Augustus war „both an end and a beginning", und über den Beginn des Prinzipats läßt sich streiten, „whether that be put in 27 or 23 or 19 B.C. or in some other year"[28]. Erst die Machtübergabe innerhalb der domus Augusta, d.h. die rein innerdynastische Nachfolgeregelung bei Augustus' Tod 14 n. Chr., bestätigte endgültig, daß die von Augustus in 45jähriger Herrschaft entwickelte neue Staatsform die Republik abgelöst hatte[29]. Tacitus spricht anläßlich der Herrschaftsübergabe an Tiberius von 'versus civitatis status', d.h. der erst jetzt, am Ende der augusteischen

---

[26] Vgl. Bleicken, Jochen: Augustus. Eine Biographie, Berlin 1998 (1999³) passim sowie auch unten Anm.29.

[27] Der Abschnitt „Evolution" (226–229) in seinem Kapitel „Augustan Literature" differenziert die augusteische Dichtung nach drei 'Generationen'.

[28] Crook (1996) 70.

[29] Vgl. Tac., *ann.*1,1–15; Béranger, Jean: Le refus du pouvoir, Mus. Helv. 5, 1948, 178–196 und das gleichnamige Kapitel in: ders.: Recherches sur l'aspect idéologique du principat. (Schweiz. Beitr. z. Alt.-wiss., Heft 6), Basel 1953, 137–169; Klingner, Friedrich: Tacitus über Augustus und Tiberius. Interpretationen zum Eingang der Annalen, SB Bayer. Ak. 1953. Abgedruckt in: Pöschl, Viktor (ed.): Tacitus. (Wege der Forschung Band 97), Darmstadt 1969, 496–539, bes. 498 f.; Timpe, Dieter: Untersuchungen zur Kontinuität des frühen Prinzipats. (Historia Einzelschriften Heft 5), Wiesbaden 1962, 17 ff.; Crook (1996) 112. 145 f.; Flaig, Egon: Den Kaiser herausfordern. Die Usurpation im Römischen Reich. (Historische Studien 7), Frankfurt a.M., New York 1992, 208–218.

Regierungszeit, vorliegenden Änderung der Staatsform, und er sagt in diesem Zusammenhang, alle Jüngeren seien erst nach dem Sieg von Actium geboren, auch die meisten Alten erst während der Bürgerkriege; 'wie viele überlebten noch, die den Freistaat gesehen hatten?' (ann.1,3,7–4,1). Es muß gewissermaßen ein saeculum vergehen, der Austausch aller Lebenden, bevor der Geist einer Epoche endgültig begraben ist.

Für alle augusteischen Autoren gilt, daß sie zur Zeit der Republik geboren wurden, daß ihre Kindheit und Jugend von Republik und Bürgerkrieg geprägt war und daß ihre Eltern und Lehrer nichts anderes kannten. D.h. die Erfahrungen, die sie in ihrem Leben machten, trafen in ihrem Inneren auf eine andere Projektionsfläche und wurden in einem anderen Kategoriensystem von ihnen verarbeitet, als es bei Autoren der Fall sein würde, deren Kindheit und Jugend schon ganz vom Prinzipat bestimmt war. Und wie für die augusteischen Autoren trifft eben dies auch für Augustus selbst zu. Es ist deshalb durchaus einleuchtend, wenn Wilhelm Hoffmann in seinem Aufsatz „Der Widerstreit von Tradition und Gegenwart im Tatenbericht des Augustus"[30] die republikanischen Institutionen und Selbstdeutungen des Augustus nicht als Berechnung und Verschleierungsmanöver auffaßt, sondern auch den Prinzeps als durch „die überkommenen" „Kategorien der Wertung" geprägt versteht, eine Beurteilung, die jetzt mit größter Entschiedenheit Galinsky (1996) zur Grundlage seines Bildes von der augusteischen Kultur gemacht hat. Mit etwas anderer Akzentuierung formuliert Werner Dahlheim glänzend folgendermaßen: Augustus „lernte [. . .] die Unterordnung unter die Geschichte und nahm Abschied von der

---

[30] Hoffmann (1969/1987); vgl. bes. 92 f.; Anspielung auf das obige Tacituszitat und das im folgenden gegebene Zitat 107.

anmaßenden Selbstherrlichkeit, mit der Caesar seinen Standort innerhalb des Staates bestimmt hatte. Jetzt schickte er sich an, mit der Geduld eines langen Lebens und der manchmal wunderlichen Beharrlichkeit des Moralisten die Institutionen und die Ideale der alten Republik zu restaurieren [. . .]"[31]

Die Herrschaft des Augustus, von der Machtergreifung des jungen Caesarerben und der *ultio patris* bis zur Ausschaltung des Antonius, von der grundlegenden Konsolidierung des Staates bis zur vollen Entwicklung der Prinzipatsideologie in einer durchgreifenden Neugestaltung von Staat und Gesellschaft, ist ein langer komplizierter Prozeß. Die Phasen dieses Prozesses konnten durchaus auch Experimentcharakter haben – „experiment (-al, -ation)" als Erklärungskategorie ist ein leitmotivisches Schlüsselwort bei Galinsky (1996) und begleitet auch, weniger dominant, Crooks (1996) historischen Bericht[32] – , und innerhalb dieses Prozesses gab es auch Peripetien. Auch die interne Geschichte der augusteischen Literatur ist ein Prozeß, ohne daß sich deckungsgleiche Phasen politischer und literarischer Geschichte etablieren ließen oder 'Experiment' sich als Deutungskategorie anböte und als Epochenmerkmal erwiese.

Man könnte daher versucht sein, die augusteische Epoche, weil sie ein kurzes Übergangszeitalter sei, ganz aufzulösen und irgendwo innerhalb ihrer die (späte) Republik und die (frühe) Kaiserzeit aneinanderstoßen zu lassen, etwa im Jahr der Säkularfeier 17 v. Chr., bald nach Vergils Tod (19 v. Chr.) und der posthumen Herausgabe

---

[31] Dahlheim (1997) 37.
[32] Vgl. Crook (1996) 81.88.92.95(bis).97(bis).100.124.128 (bis). 145. Vgl. auch Eck (1998) 10 („Weg [. . .] voller Experimente und Kompromisse"). 50 („Spiel von 'trial and error'").

der *Aeneis*. Das ist aber sowohl für die politische als auch für die Literaturgeschichte unmöglich. Auch die politischen und literarischen Ereignisse vor 19/17 v. Chr. sind klar von der späten Republik geschieden, und die Kontinuität der Entwicklung wird durch die Ereignisse 19/17 v. Chr. in keiner Weise unterbrochen. Die im ersten Jahrzehnt nach dem Sieg bei Actium und der Einnahme von Alexandria entstehende *Aeneis* ist nicht republikanisch; umgekehrt ist die Mitwirkung des Lyrikers Horaz an der staatlichen Säkularfeier wohl weniger kaiserzeitlich, als vielmehr von einer Auffassung der aktiven Rolle des Dichters in der Gesellschaft geleitet, mit der der augusteische Autor frühgriechisches Selbstverständnis der Dichter und römische Praxis aus der Frühzeit der eigenen römischen Literaturgeschichte erneuert[33]. Vitruvs Architekturwerk, verfaßt von etwa der Mitte der Dreißiger bis in die Zwanziger Jahre hinein, ist 'kaiserzeitlicher' als das livianische Geschichtswerk, das nach der Verleihung des Augustustitels (Januar 27 v. Chr.) zu entstehen beginnt und dessen Abfassung die ganze augusteische Zeit begleitet.

Für die Gesamtbeurteilung der augusteischen Literatur sind aber weniger solche internen Phasenverschiebungen, Differenzen, Gleichzeitigkeiten des Ungleichzeitigen entscheidend als vielmehr eine insgesamt zu beobachtende Veränderung. Man kann die Literatur der Epoche einerseits als einheitliches System beschreiben, an-

---

[33] Vgl. dazu Schmidt (1985b und 1993).

dererseits als einen Prozeß[34]. Die beiden Aspekte lassen sich in der Junktur 'System in Bewegung'[35] zusammenfassen.

Wenn man Literatur als ein strukturiertes System verstehen kann, dann ist Literaturgeschichte „*nur durch Epochenbildung möglich*". Denn dann geschieht Evolution, literaturgeschichtliche Veränderung, durch Strukturänderungen, nämlich durch den Wechsel der jeweiligen „Dominanz bestimmter Strukturen"; das sind die 'Differenzen' zwischen den Epochen, welche die Epochenschwellen markieren. Innerhalb der „Einheit durch die Dominanz einer Struktur über einen bestimmten Zeitraum" läßt sich „Entwicklung" beobach-

---

[34] In der Diskussion in der Heidelberger Akademie bezeichnete Ina Rösing mein Verfahren als „lumping and splitting". Das ist in der Tat angemessen: Es geht einerseits um die Einheit der literarischen Epoche, um Zusammenfassung und Definition; es geht andererseits um die geschichtliche Vielfalt innerhalb dieser Einheit, die jeweiligen Entwicklungen und Prozesse im Rahmen einheitlicher Epochenmerkmale.

[35] Diese Formel, die ich Coseriu verdanke (vgl. u.), hat hier bei mir einen relativ bescheidenen theoretischen Anspruch, bleibt jedenfalls unter dem Niveau systemtheoretischer Ansätze wie des Versuchs von Niklas Luhmann, System als Prozeß zu begreifen. Vgl. dazu Bubner, Rüdiger: Geschichtsprozesse und Handlungsnormen. Untersuchungen zur praktischen Philosophie, Frankfurt a.M. 1984, 148 ff. und Marius, Benjamin u. Jahraus, Oliver: Systemtheorie und Dekonstruktion. Die Supertheorien Niklas Luhmanns und Jacques Derridas im Vergleich, LUMIS-Schriften 48, Siegen 1997, 48: „Zeit wird in der Systemtheorie [. . .] als Ereigniskette gedacht. Der Ereignisbegriff steht dabei komplementär zum Begriff der Struktur." Zu der Junktur bei Coseriu vgl. Coseriu, Eugenio: Synchronie, Diachronie und Geschichte. Das Problem des Sprachwandels, München 1974 (Originalausgabe: Sincronía, diacronía e historia. El problema del cambio lingüístico, Montevideo 1958), S.236: Bei Sprache kann es keinen „Widerspruch zwischen 'System' und 'Wandel' geben, und mehr noch, es darf nicht einmal von 'System' *und* 'Bewegung' – wie von einander entgegengesetzten Dingen – gesprochen werden, sondern nur von 'System *in* Bewegung'." Einen dem meinen analogen Ansatz sehe ich bei Boegehold, Alan L.: The Lawcourts at Athens. Sites, Buildings, Equipment, Procedure, and Testimonia. (The Athenian Agora, vol. XXVIII), Princeton, N.J. 1995, zur systematischen Einheit des athenischen Gerichtswesens von 460 bis 322 v. Chr. und zu den Änderungsprozessen innerhalb dieses Systems. Vgl. bes. 40: „consistency in the principal elements that establish the identity of Classical Athenian popular court procedure" und 21: „the court system shows fluidity throughout the one hundred and fifty years (approximately) this account includes. And yet certain features [. . .] remained constant" (vgl. dort auch Anm.1 zu S.21).

ten, die „als Bewegung im Rahmen vorgegebener Strukturen zu verstehen ist"[36].

Michael von Albrechts „Geschichte der römischen Literatur"[37] durchsetzt die Autorendarstellung mit geschichtlichen Querschnitten, nämlich den literarischen Epochen, und Längsschnitten, die der Geschichte einzelner Gattungen gelten. Bei diesem Versuch, der Geschichtlichkeit von Literatur gerecht zu werden, muß man wohl in Kauf nehmen – denn im Rahmen einer Gesamtdarstellung zeigt sich offenbar keine überzeugende Alternative – , daß die Querschnitte zu breit ausfallen, also der Eindruck einer statischen Synchronizität von über zwei Jahrhunderten entstehen kann, und die Längsschnitte zu schmal sind, um wirklich Geschichtlichkeit vermitteln zu können, die Diachronizität also in der Gefahr ist, bloße „literarische Reihe"[38] zu werden und die jeweilige Gattungsgeschichte sogar innerhalb der Literaturgeschichte zu isolieren. Daher ist zu versuchen, Quer- und Längsschnitt innerhalb einer Epoche und zwar für die Literatur im ganzen zu verflechten und die definitorischen Aussagen, die den synchronen Querschnitt vertreten, allgemein zu halten und als zugrundeliegende Einheit von geschichtlich-prozessualen Varianten zu begreifen.

'System' wird in doppelter Hinsicht ausgesagt, nämlich diachron und synchron. In diachroner Hinsicht verstehe ich unter dem System der augusteischen Literatur ihre komplexe Einheit und Abgeschlossenheit gegenüber sowohl der vorangegangenen als auch der nachfolgenden Literaturepoche, was um so mehr hervorzuheben ist, als die innersystemischen Veränderungen zugleich den Übergangspro-

---

[36] Luhmann (1987) 306 mit Haug (1987) 543.
[37] von Albrecht (1994).
[38] Vgl. Tynjanov, Jurij, Über literarische Evolution (1927). In: ders., Die literarischen Kunstmittel und die Evolution der Literatur. Ausgewählt und aus dem Russischen übersetzt von Alexander Kaempfe, Frankfurt am Main 1967 (edition suhrkamp 197) 37–60.

zeß von der spätrepublikanischen zur kaiserzeitlichen Literaturepoche bedeuten.

In synchroner Hinsicht wird die augusteische Literatur als ein eigenes System verstanden, das zwar mit anderen Systemen (Politik, Gesellschaft, Kunst, Religion) kommunikativ interagiert, nicht jedoch in einem Maße, das es erforderte, sie als Systemelement eines übergeordneten Systems zu verstehen, und es ausschlösse, sie anders als allein in dessen Kontext und Bedingungszusammenhang zu betrachten. So sehr die augusteische Literatur in Kommunikation mit anderen augusteischen 'Systemen', deren Ereignissen und Prozessen steht, so ist sie doch von diesen nicht vollständig determiniert oder dominiert. Sie findet im Gegenteil in sich selbst, als System und Geschichte, d.h. im präsenten Bewußtsein ihrer eigenen Vergangenheit, im Dialog und in Kontinuität mit dieser, Kraft und Form ihrer Gestaltungen. Ihre Eigengesetzlichkeit äußert sich gerade auch in der Prozessualität des Systems. Im Blick auf den Prozeßcharakter der augusteischen Literatur besteht bei einer kultursynoptischen Betrachtung (die also als ihren Gegenstand die Kultur als System hat) die Versuchung, das Prozessuale primär bei den anderen Kultursparten anzusetzen, die Literatur nur jeweils reagieren zu lassen und sie nur als derart auf Stationen eines Prozesses reagierende auch selbst als prozeßhaft, sich verändernd und entwickelnd in den Blick zu bekommen. Demgegenüber ist unbedingt darauf zu bestehen, daß auch die Literatur sich selbst, aus ihren eigenen Voraussetzungen heraus, weiter generiert, daß ihre eigene Formen- und Symbolsprache einen ihr spezifischen Diskurs entwickelt und ihre diachronen Metamorphosen, selbst wenn sie geschichtliche Veränderungen aufnehmen, doch eben Metamorphosen ihrer selbst sind und aus dem literarischen System verstanden werden müssen. Es gilt aber nicht nur, statt und vor der quasi-synchronen Kommunikation mit Ereignissen der politischen Geschichte und mit anderen Kulturmanifestationen die eigene literarische Diachronie ins Feld zu führen, sondern ebenso die quasi-synchrone Kommunikation innerhalb des literarischen Systems und ihre diachronen Metamorphosen. D.h. selbst da, wo die Literatur auf neue politische Entwicklungen 'reagiert', ist sie nicht nur Reflex und eine sekundäre abgeleitete Wirklichkeit, sondern verarbeitet die politischen Ereignisse oder Prozesse in Denkfiguren und Formensprache, die sie mit ihrer eigenen Tradition verbinden. Wie als System ist sie daher auch als Prozeß bis zu einem gewissen Grad eigengesetzlich. Wie die These des ersten Kapitels bildet also auch diese zweite einerseits eine Voraussetzung für das Unternehmen im ganzen und muß andererseits in den Explikationen der Thesen der folgenden Kapitel verifiziert oder plausibilisiert werden.

Mit dem Vorangegangenen sollte die Möglichkeit, die augusteische Literatur als Teil und im Kontext der augusteischen Kultur zu betrachten, nicht bestritten werden. Vielmehr sollte einerseits auf die Wahrscheinlichkeit hingewiesen werden, daß eine gesonderte Betrachtung sinnvoll sein könne[39], vorausgesetzt natürlich, daß sie sich der spezifischen Risiken relativ isolierender Behandlung stets bewußt bleibt. Andererseits sollten aber auch durch eine Gesamtbetrachtung nahegelegte oder in ihrem Zusammenhang unvermeidliche Verzerrungen und Mißdeutungen angezeigt werden. So ist eine Gefahr des Sogs kulturgeschichtlicher Studien, die Literatur im Stratum der anderen Kulturaspekte und –manifestationen einzuebnen, d.h. wie bei der (ahistorischen) Parallelenjagd nicht damit zu rechnen, daß ein Literaturwerk etwas Neues und (aus den anderen Kulturphänomenen) nicht Abzuleitendes sagt, daß es die Kultur seiner Zeit transzendiert. Wenn man die Werke einer literarischen Epoche nur als Beiträge zur Kultur ihrer Zeit versteht, könnte es sein,

---

[39] Vgl. Kuhn (1980) 8: Die eigentliche Aufgabe der mediävistischen Germanistik bestehe in der „Ausgrenzung einer L i t e r a t u r g e s c h i c h t e" aus einer „allgemeine(n) Kulturgeschichte".

daß man ihre entscheidende Bedeutungsschicht verfehlt. Es dürfte
darüber Konsens herrschen, daß man Homer, Pindar, die attische
Tragödie, Kallimachos, Dante, Shakespeare, Goethe aus kulturge-
schichtlichen Studien zu ihrer Zeit weder extrapolieren noch verstehen könnte, was nicht heißt, daß das Studium ihrer Epochen keine
große Interpretationshilfe darstellte.

Das Prozeßhafte, die Veränderungen, die Folge der Innovationen,
die Kreativität der augusteischen Literatur werden hier nicht als
experimentell, als Kette von Experimenten verstanden. Galinsky
(1996), der das tut, in Übereinstimmung mit seinem durch das
Leitmotiv „experiment"[40] bezeichneten Programm der Betrachtung
der augusteischen Kultur insgesamt[41], hat unter dem Analogiedruck
seiner Systemstruktur, einer dem oben angegebenen Risiko ver-
wandten Verzeichnungsgefahr, alles Innovative und Kreative der
augusteischen Literatur als Experiment verbucht. An sich wäre
gegen einen solchen Etikettentausch nichts einzuwenden; er ist aber
in dem Kontext, in dem er vorgenommen wird, doppelt problema-
tisch. Denn einmal wird damit eine strukturelle Analogie mit politischen Maßnahmen des Augustus behauptet, was keinen Sinn ergibt,
und weiter verliert der Begriff jede spezifische die augusteische
Literatur charakterisierende Bedeutung, sobald wir sehen, daß jede
kreative literarische Leistung ein 'Experiment' war, von der Schaffung des Großepos durch Homer über jede einzelne Komposition in
der Chorlyrik[42], die Entwicklung der attischen Tragödie oder die
römische Komödie bis zum *West-östlichen Divan*, um einige belie-
bige Beispiele herauszugreifen. Oder, um näher an die augusteische

---

[40] Vgl. o. S. 20.
[41] Galinsky (1996), bes. 234–237: 13mal „experiment(-ation)".
[42] Vgl. Kannicht, Richard: Griechische Metrik. In: Nesselrath, Heinz-Günther (ed.): Einlei-
      tung in die griechische Philologie, Stuttgart und Leipzig 1997, 343–362; hier: 353: „In
      den Chorliedern der Lyrik und des Dramas ist bisher keine Wiederholung derselben (sc.
      metrischen) Struktur aufgetaucht, d.h. jedes Chorlied ist metrisch (und war musikalisch)
      eine neue Schöpfung."

Literaturepoche heranzukommen: Inwiefern sind etwa Ciceros großes Werk *De re publica*, Lukrezens epikureisches Lehrgedicht *De rerum natura* oder Catulls Allius-Elegie weniger experimentell als die Werke augusteischer Zeit?[43] Vorstellung und Begriff des Experiments werden im folgenden in den beiden bei Galinsky ununterschiedenen Bedeutungen der Analogie mit der politischen Ereignisgeschichte und der innovativen Kreativität nicht mit der augusteischen Literatur verbunden.

---

[43] Galinsky (1996) 234 eröffnet sogar seinen Abschnitt über „Experimentation" als Charakteristikum der augusteischen Literatur mit dem Satz: „From its very beginnings in the third century B.C. Roman poetry was characterized by experimentation."

3. Kapitel

Die augusteische Literatur als nicht klassizistisch: Konstruktiver Eklektizismus und schöpferische Restauration. Semantisierung von Epochen- und Gattungsstilen als Voraussetzung und Folge

Nicht minder mißlich als eine Epoche der Klassik, sei es nun die ciceronisch-augusteische oder eine besondere augusteische Klassik, ist die Bezeichnung oder das Verständnis der augusteischen Literatur als eines Klassizismus. Das geschieht freilich heute im allgemeinen nicht mehr[44]. Und auch für die augusteische Kunst wird man ein Urteil wie das von D. Schulz im Lexikon der Antike, Kunst, Band 1, München (dtv) 1970, 335, „Der bedeutendste Fall eines Klassizismus in der Antike ist die augusteische Kunst" inzwischen nicht mehr antreffen.

Allerdings herrschte der Begriff bis vor kurzem in der römischen Archäologie noch ungebrochen, sowohl in Applikation auf die augusteische Kunst als auch auf die römische Bildkunst allgemein, und zwar in den beiden Bedeutungsvarianten der Orientierung an

---

[44] So fehlt der Begriff z.B. in dem Abschnitt „Literatur der augusteischen Zeit im Überblick" bei von Albrecht (1994) 511–524 oder in dem Kapitel „Augustan Literature" bei Galinsky (1996) 225–287. Das ist aber eine neuere Entwicklung. Snell (1945) 380 spricht im Blick auf die Dichtung der augusteischen Zeit mit beiläufiger Selbstverständlichkeit von Klassizismus.

der griechischen Kunst allgemein und der an der Kunst des 5. und 4. Jhs. v. Chr., wobei die Muster als klassisch im Sinn normativer Werthaltigkeit für den imitierenden Künstler und seine Rezipienten verstanden wurden. So interpretierte noch 1979 Paul Zanker[45] die römische Reichskultur als Klassizismus, was, wenn es berechtigt wäre, ausschlösse, die augusteische Kunst (oder einen einzelnen spezifischen Bereich in ihr) vermittels des gleichen Begriffs von anderen Kunstepochen (oder Teilbereichen der augusteischen Kunst) abzugrenzen – es sei denn, man gäbe definitorisch an, daß hier ein anderer Klassizismusbegriff angewandt wird. Bei Zanker (1987) führen die Termini 'Klassizismus' und 'klassizistisch' nur noch ein Schattendasein, nämlich allein auf den Seiten 248–255 und in Anwendung auf einen Teilbereich allein, indem auch bei Zanker die sog. griechische Klassik, also die Skulptur des 5. und 4. Jhs. v. Chr., nur als eine unter verschiedenen Bezugsgrößen der augusteischen Kunst betrachtet wird. Damit ist das Klassizismuskonzept bereits aufgehoben. Denn wenn 'Klassik' nur mehr ein Epochenbegriff ist und nur noch eines der Orientierungsmuster unter mehreren und neben anderen Epochen und deren Stilen darstellt, nicht mehr eine absolute, überall geltende und also einzige Norm bezeichnet, dann ist 'Klassizismus' ein irreführender oder bestenfalls katachrestisch gebrauchter Terminus.

Der Begriff 'Klassizismus' hält sich jedoch in verschiedenen Bedeutungen in Anwendung auf allgemeinere römische Phänomene auch in der Philologie. So versteht Albrecht Dihle in seiner griechisch-römischen Literaturgeschichte der Kaiserzeit die römische Literatur dieser Geschichtsepoche als einen Klassizismus, für den „Sprache und Literatur der ciceronisch-augusteischen Zeit" die „Bezugsgröße" darstellten[46], wobei also diese selbst nicht Klassizismus

---

[45] Zanker (1979).
[46] Dihle (1989) 59.

sein können, sondern, zumindest für die nachfolgende Epoche, klassische Norm, Klassik sind[47]. Daneben gilt Dihles Aufmerksamkeit dem griechischen Klassizismus, d.h. dem Programm und der Praxis des Attizismus, der gerade in augusteischer Zeit einsetzte. 'Klassizistisch' bedeute hier Orientierung nicht an traditionellen Mustern generell, sondern an einem ganz bestimmten, klar abgegrenzten Abschnitt aus der literarischen Überlieferung. „Es gab zum ersten Mal in der Literaturgeschichte eine aus einem größeren Zusammenhang nach ästhetischen Urteilskategorien ausgewählte Klassik"[48].

Tonio Hölscher hielt 1984 vor der Heidelberger Akademie der Wissenschaften einen Vortrag unter dem Titel „Römischer Klassizismus als semantisches System" und publizierte ihn in erweiterter Form unter dem Titel „Römische Bildsprache als semantisches System" als Heidelberger Akademieabhandlung 1987. Die Titeländerung trägt dem Umstand Rechnung, daß die vorgeschlagene Deutung eines Kunstsystems, einer strukturierten Kunstsprache, nichts anderes als eben das Programm der Abschaffung des Deutungsmusters Klassizismus war, welcher Name eben zunächst noch als der konventionelle Terminus für die an der griechischen Kunst orientierte römische Bildkunst mitgeschleppt worden war. Die Kritik an dem Gebrauch des Begriffs für die römische Rezeption „der gesamten griechischen Kunst von der späten Archaik bis in den ausgehenden Hellenismus"[49], also wie an Zankers (1978) Rede- und Betrachtungsweise, ist so zurückhaltend wie deutlich[50].

---

[47] Dihle (1989) 34.
[48] Dihle (1989) 62 ff.; das Zitat: 71.
[49] Hölscher (1987) 14.
[50] Vgl. auch Hölscher (1992) 81 f.: „Mit dem Begriff 'Klassizismus' (sc. für das Phänomen, „daß die römische Kunst überall auf griechischen Grundlagen basiert") ist dabei zunächst wenig geholfen, er ist eine Leerformel."

Hölscher übt selbst an einem eingeschränkten Begriff 'Klassizismus', nämlich an dessen Applikation nur auf ein Teilphänomen der augusteischen Kunst, detaillierte Kritik, bemerkt aber schon vorher zum Grundsätzlichen, daß auch er selbst ihn verwende, aber nur „sehr eingeschränkt", nämlich „nur für stilistischen Habitus [...], und dort nur für die programmatische Orientierung an Vorbildern des 5. und 4. Jhs. v. Chr.". Damit ist 'Klassizismus' einerseits nurmehr der Spezialterminus für die Rezeption einer 'Klassik' genannten Epoche innerhalb des Spektrums der Wiederaufnahme verschiedener Epochenstile – wie das bereits oben zu Zanker (1987) bemerkt worden war – , andererseits zeigt er doch auch noch eine Hierarchisierung der Stile an[51].

Galinskys (1996) Position ist auf den ersten Blick verwirrend, weil er 'classicism' nicht nur in den beiden genannten Bedeutungen gebraucht, sondern außerdem auch noch, in angelsächsischer Tradition, für 'Klassik', ohne sich der Unterschiede bewußt zu sein. Bei näherer Betrachtung des jeweiligen Kontexts kann man jedoch meist die gemeinte Bedeutungsvariante identifizieren, was nicht heißt, daß die Verwendung des Worts förderlich sei. Denn einerseits profiliert Galinsky den engeren der beiden Klassizismusbegriffe durch seine angeblich sonst übliche (von ihm selbst jedoch abgelehnte) Opposition zu 'hellenistic' und gebraucht daneben auch den Terminus 'neoclassicism'. Den weiteren (Klassizismus-) Begriff benutzt er, in Anwendung speziell auf die augusteische Kunst, in der (von Hölscher kritisierten) Weise Zankers (1978). An einigen Stellen erscheint „classicism" als das Substantiv zu „classical".

In seiner „Introduction: The Augustan Evolution" (5) lehnt Galinsky die Zankersche (1987) These einer Dichotomie zwischen Hellenismus und Klassizismus (engerer Begriff) ab. Sie finde selbst

---

[51] Hölscher (1987): Detailkritik: 36; grundsätzliche Bemerkung zur eigenen Verwendung von 'Klassizismus': 13 f. mit Anm. 13.

in der auf uns gekommenen augusteischen Skulptur nur begrenzte Unterstützung, und während Zankers Darstellung des bilderschaffenden Systems sich fruchtbar auf andere Aspekte der augusteischen Kultur übertragen lasse, existiere beispielsweise in der Dichtung keine Spur einer solchen Dichotomie. Im Blick auf die augusteische Malerei hält Galinsky ihre Charakteristik als eines augusteischen „classicism" für verfehlt (194), an welcher Stelle „classicism", in seiner Gegenüberstellung mit „republican 'excess'", sowohl Klassizismus (im engeren Sinn) wie Klassik bedeuten könnte. Die von dem Bildhauer Pasiteles in der ersten Hälfte des 1. Jhs. v. Chr. in Rom begründete Werkstatt erhält die Qualifikation „classicizing", was hier Orientierung an der Bildkunst des 5./4. Jhs. v. Chr. meinen muß. Die Kunstpolitik der Attaliden wird als „creative neoclassicism" bezeichnet; das bedeutet im Kontext des Bestrebens, ein zweites Athen zu sein, eine keineswegs anti-hellenistische Bewegung, sondern stellt einen Aspekt hellenistischer Kunst (338) dar und ist wieder dasselbe wie „classicizing". Der augusteische „classicism"[52] in der bildenden Kunst sei nicht der Ersatz 'hellenistischer' Orientierung in der Republik durch eine 'klassische' („classical") Orientierung gewesen (344), womit also das engere Klassizismuskonzept abgelehnt wird, sondern „the utilization of *all* Greek traditions (including „Hellenistic")" (342); und der „Augustan classicism" sei eben deshalb „classical", so daß hier also „classicism" 'Klassik' meint. Etwas später warnt Galinsky davor, bei der Betrachtung des „Augustan classicism" 'eine zu eingeschränkte Definition von' „classicism" (345 f.) anzuwenden. Wenn er dann aber „true classicism" (349) mit den Namen Palladio, Jefferson, Soane und Schinkel illustriert, changiert der Begriff wieder in die Gegenrichtung.

---

[52] Galinsky (1996) spricht weiterhin von „Augustan classicism", wobei „classicism" mit und ohne Anführungszeichen steht: 338, 342, 345 und 350.

Es dürfte sich in der Tat empfehlen, nicht nur „classicism",
sondern auch den Begriff 'Klassizismus' für die Erkenntnis sowohl
der römischen Reichskunst als auch der augusteischen Kunst zu
verabschieden und ebenso auch für das Verständnis der augusteischen Literatur ein Alternativmodell zu geben. Dabei ist die Einsicht
Hölschers in die nicht-klassizistische Funktion der römischen Orientierung an griechischer Kunst auf die augusteische Literatur zu
übertragen und epochenspezifisch zu machen. Neben dem Motiv
Hölschers, die nicht-klassizistische Funktion der römischen Orientierung an griechischer Kunst herauszustellen, verfolgt die Ablehnung des Begriffs 'Klassizismus' noch eine andere Stoßrichtung,
mit der die positive Deutung einer grundlegenden Eigenart der
augusteischen Literatur exponiert werden soll. Dabei kommen Kategorien ins Spiel, die sowohl von Hölscher (1987) als auch von
Galinsky (1996) übernommen sind, für den seinerseits Hölschers
Abhandlung zentral ist.

Nimmt man den Begriff 'Klassizismus' ernst und terminologisch
streng, d.h. als Terminus für einen distinkten Typ geschichtlicher
Orientierung und eigenen Selbstverständnisses in der Kunst sowie
spezifischer Praxis, d.h. unterscheidet man Klassizismus von Tradi-
tionalismus und Tradition, von Imitation, Intertextualität, Historis-
mus, Alexandrinismus u.ä., dann sollte gelten[53]: Jeder Klassizismus
ist Reaktion auf einen als negativ beurteilten Zustand vergangener
und auch noch gegenwärtiger Kunst im Rückgriff auf eine frühere
als klassisch betrachtete Kunstepoche und setzt daher einen Epo-
chendreischritt von „einstiger Größe" über ein 'Mittel'-Alter des
Verfalls zu propagierter, angestrebter, praktizierter oder konstatier-
ter „Wiederherstellung der einstigen Größe" voraus[54]. Das in der

---

[53] Die folgenden Abschnitte (bis S. 38) zunächst in revidierender Übernahme, dann in
Weiterführung von Schmidt (1987a) 252–255.

[54] Fuhrmann (1983) 57; vgl. Gelzer (1975) 163; Gelzer (1979) 11 f.; Flashar (1979) 278 f. (Gelzer); Heldmann (1980) 3; Fuhrmann (1988) 107; Hidber (1996) 14 ff. (mit Anm. 89 und 90).

Renaissance vom Selbstverständnis der bildenden Kunst her bestimmte klassizistische Epochenmodell[55] hatte seinen locus classicus[56] in der *Naturalis historia* 34,52 des älteren Plinius: „Cessavit deinde ars ac rursus olympiade CLVI revixit" (d.h. in der Mitte des 2. Jhs. v. Chr., denn die 156. Olympiade bezeichnet die Jahre 156–153 v. Chr.)[57]. Für die (griechische) Literatur ist das gleiche erstmals in augusteischer Zeit formuliert worden, nämlich von Dionysios von Halikarnaß, *Über die alten Redner*, Kap.1–3[58]. Der Beginn des Verfalls wird bei ihm wie bei Plinius mit dem Tod Alexanders des Großen (323 v. Chr.) datiert, die Wende zum Guten allerdings erst in die jüngste Vergangenheit[59]. Die zu imitierenden Autoren der als klassisch verstandenen griechischen Literatur sind eben die der von den Alexandrinern, den Miturhebern des hellenistischen Ungeschmacks, festgeschriebenen Auswahllisten, die diese auch philologisch traktiert (gesammelt, ediert, kommentiert) und so tradiert haben.

Das klassizistische Epochenmodell ist in eigentümlicher Weise zugleich geschichtlich wie ungeschichtlich. Geschichtlich ist es im Bewußtsein oder Gefühl eines Umbruchs, einer Neuheit der Zeiten und der Absetzung von der Vergangenheit. Ungeschichtlich ist es nicht wegen der moralischen und ästhetischen Kategorien der Ge-

---

[55] Vgl. Fuhrmann (1983) 57 mit Lit. in Anm. 19.

[56] Dies gilt, auch wenn das Urteil des Plinius nichts anderes als spätrepublikanischen Geschmack widerspiegelt, zumal die Wende der hellenistischen Kunsttheorie zum Klassizismus wohl auch in die Mitte des 2. Jhs. v. Chr. fällt (vgl. Galinsky (1996) 338 mit Anm.16).

[57] Das Epochenmodell des Plinius bestimmte noch Winckelmann, aber nicht mehr Jacob Burckhardt; vgl. Weitmann, Pascal in: Betthausen, P. u. Kunze, M. (edd.): Jacob Burckhardt und die Antike, Mainz 1998, 60, Anm.4.

[58] Vgl. Fuhrmann (1988) 105 ff.; Hidber (1996). Vgl. auch Fuhrmann (1983) 52: „Ob die italienischen Humanisten diesen antiken Vorläufer ihres eigenen Dreiphasenmodells gekannt haben, ist ungewiß."

[59] Galinsky (1996) 341 macht zu Recht darauf aufmerksam, daß es Dionys um die politische und kulturelle Erneuerung griechischer Städte geht, nicht um „reorientation of Roman art under Augustus".

L print
mit dem

schichtsdeutung, sondern wegen des überzeitlichen Charakters der
Berufungsinstanz, des Musters für die Gegenwart. Geschichte be-/
(Περὶ ὕψους) Sündenfall, das Paradies zuvor ist nicht 'Geschichte'.
Die überzeitliche Größe der Klassiker – so bes. deutlich beim Autor
— entzieht sie der Geschichte, weshalb die erste Epoche des Dreiepochenschemas nicht eigentlich eine Epoche ist. Deshalb ist aber umgekehrt auch keine Wiederholung einer geschichtlichen Vorvergangenheit intendiert und kein Zyklus etabliert, so daß
die Erwartung an überzeitliche Muster als Hilfen bei den Aufgaben
der Gegenwart durchaus geschichtlich sein kann.

Im eigentlichen Sinn geschichtlich wird das klassizistische Denkmodell erst bei Tacitus im *Dialogus de oratoribus*[60], wo aber be-
zeichnenderweise der dritte Schritt, die klassizistische Epoche
selbst, fehlt und auf eine nicht als überzeitlich betrachtete, sondern
historisch erklärte und darum geschichtlich bedingte und unwieder-
holbare Blüte der wiederum geschichtlich erklärte Verfall folgt. Der
Historiker Tacitus gab sich keinen Illusionen darüber hin, daß die
Republik und mit ihr die klassische (im Sinn des Modells) römische
Rhetorik ein für allemal vorüber und das Kaisertum und mit ihm der
Verfall der Redekunst das geschichtliche Geschick Roms war.

Zwischen der griechischen klassizistischen Theorie und der römischen dichterischen Praxis in den zwei Generationen zwischen
Caesars Ermordung und dem Regierungsantritt des Nachfolgers des
Augustus, Tiberius, bestehen keine unmittelbaren Verbindungen,
eher gemeinsame Verpflichtungen gegenüber Vorläufern, die uns
aber schattenhaft bleiben. Auch sind die beiden Haltungen und
Prozesse denkbar verschieden.

(1) Die augusteische Dichtung wächst ohne entschiedenen
Bruch, weder in ihrer Programmatik noch in ihrer Praxis, aus der
neoterischen und, allgemeiner, modernen spätrepublikanischen

---

[60] Vgl. Heldmann (1982).

Dichtungsbewegung hervor. Sie muß diese weder ablehnen noch überwinden und kann z.b. an Catull und Gallus, wie auch an Cicero poeta und Lukrez anknüpfen. Das ist, wie die analogen noch zu nennenden Beobachtungen zeigen, nicht allein biographischer Erklärung zugänglich, d.h. nicht nur als die Prägung der Jugendjahre der beiden ältesten Augusteer, Vergil und Horaz (geboren 70 und 65 v. Chr.), durch die Dichtungspraxis der Vorgänger zu deuten.

(2) Die augusteischen Dichter bleiben bei der neoterischen Berufung auf die alexandrinische Dichtungsreform und folgen diesem Strang hellenistischer Kunstübung und Dichtungstheorie, so daß sie zwischen sich und dem griechischen Kanon im Gegensatz zu einem Klassizismus keine dunkle Vergangenheit des Verfalls ansetzen. Vergils Bukolik und Horazens Jambik im Verhältnis zu Theokrit und Kallimachos, die römische Elegie in ihrer Berufung auf Kallimachos und die den programmatischen Äußerungen des Kallimachos, vor allem dem Aitienprolog, verpflichteten *recusatio*-Gedichte belegen dies. Der neoterische 'Alexandrinerkanon' bleibt für sie verbindlich.

(3) Die augusteische Dichtung greift gegen die alexandrinische Praxis und Warnung auch auf den alexandrinischen Kanon griechischer Dichtung zurück und tritt in alexandrinischer und neoterischer Kunstübung und in Bewahrung von deren Errungenschaften in den Agon mit den Autoren des Kanons ein, so Horaz in seiner Lyrik (Alkaios) und Vergil in der *Aeneis* (Homer). Der alexandrinische Kanon der großen griechischen Literatur und der neoterische Alexandrinerkanon rücken zusammen und 'entkanonisieren' sich dabei bzw. entfalten sich zu einer Vielzahl funktional differenzierter Teilkanones.

(4) Die augusteischen Dichter geben die neoterische Modernitätsattitüde und damit deren Ablehnung der älteren römischen Lite-

ratur auf. Es gibt nun für sie – auch infolge der Wirkung der
literargeschichtlichen Arbeiten Varros und Ciceros – eine römische
Literaturgeschichte und eine eigene römisch-'nationale' Literaturtradition.

(5) Von strengen Attizisten abgesehen, gilt für die augusteische
Prosa insgesamt Analoges. Explizite Ablehnung oder impliziter
Bruch gegenüber Cicero, Caesar, Sallust sind nicht festzustellen, bei
Livius auch nicht gegenüber den Annalisten. Und aus der griechi-
schen Historiographie wird keine Epoche als Stil- oder Geschmacks-
verfall verworfen.

Dieser Befund, d.h. insbes. das Fehlen der Verwerfung der vorangegangenen Periode als einer Verfallszeit und Geschmacksverlet-
zung, eines dunklen Mittelalters (wie für die Renaissance) oder eines
Barock und Bernini (wie für Winckelmann) – in schroffstem Gegensatz zum geschichtlichen Selbstverständnis der Epoche in politischer
Hinsicht, wo die *pax Augusta* die *aetas* bzw. die *aetates* der Bürgerkriege zur Kontrastfolie hat – und das Fehlen der Orientierung an
einer einzigen zur kanonischen Norm ästhetisch und ethisch hypo-
stasierten Klassik. bedeutet geradezu das Gegenteil von Klassizismus (in dem präzisen Sinn des Dreischrittmodells). In ihrer freien
Verfügung über alle vergangenen griechischen und römischen Lite-
raturen und literarischen Epochen ist die augusteische Literatur
daher als konstruktiver Eklektizismus[61] und schöpferische Restauration zu verstehen. Mit diesem Erklärungsmuster wird das scheinbare
Fehlen einer Zäsur zwischen einer ciceronischen und einer augusteischen Literaturepoche hermeneutisch angemessener, d.h. mit größe-
rer Erschließungskraft und höherem Anschlußpotential, gedeutet als

---

[61] Vgl. Wlosok (1993) 341 („der [. . .] konstruktive Eklektizismus, die von den eigenen
Kunstprinzipien gesteuerte und in der Selektion der Muster 'kanonorientierte' Kontamination von Vorbildern aus ganz verschiedenen Epochen") in verbessernder Fortführung
von Schmidt (1987a) 254 („synthetischer Eklektizismus").

mit der Setzung einer umfassenden einheitlichen Klassikepoche
zwischen Vor- und Nachklassik.

Die Überdetermination in der Junktur „konstruktiver Eklektizismus" (insofern nämlich, als jeder Eklektizismus konstruktiv ist, d.h.
das 'Ausgelesene' wieder zusammenbaut, statt es unverbunden zu
reihen) geschieht bewußt, um einerseits der oft pejorativen Konno-
tation von Eklektizismus gegenzusteuern und andererseits auch die
Intention und den Erfolg der augusteischen Autoren bei dem Unternehmen zu betonen, aus Elementen verschiedener Herkunft etwas
Neues, ein Ganzes zu bilden: Der Begriff soll ihre synthetische Kraft
unterstreichen[62]. 'Konstruktiver Eklektizismus' ist daher von vornherein mit der Formel „schöpferische Restauration" zusammenzu-
denken, d.h. die restaurative Intention soll impliziert sein. Das Ge-
samtphänomen wäre auch als Verbindung der beiden von Hölscher
(1992) herausgestellten idealtypischen Varianten kulturellen Trans-
fers in der Zeit (unterschieden von räumlichem Transfer), nämlich
von Tradition und Reaktivierung, zu beschreiben.

Mit dem Begriff „schöpferische Restauration" ist die berühmte
Rede zitiert, die Rudolf Borchardt am 9.3.1927 an der Universität
München gehalten hat[63], zwei Monate nach dem Vortrag seines

---

[62] In ähnlichem Zusammenhang präzisiert Hölscher (1987) 49 den Begriff Eklektizismus
so: „[. . .] nicht relativierende Willkür, auch nicht reine Vorliebe des Geschmacks, sondern
eine Selektion, die sich an der Aussage orientiert." Zu einem positiven Begriff des
(philosophischen) Eklektizismus vgl. Schmidt (1997) 136–140 zu Hor., *epist*.1,1,11–19.
– Das Adjektiv ἐκλεκτικός findet sich zuerst bei Diogenes Laertius 1,21, wo Diogenes
von einer Philosophenschule spricht, die „sich aus den Lehren aller Philosophenschulen
auswählte, was ihr gefiel"; das deutsche Substantiv zuerst bei Hegel 1802.

[63] Borchardt, Rudolf: Schöpferische Restauration. Erstmals publiziert in: ders.: Reden.
(Gesammelte Werke in Einzelbänden). Hrsg. von Marie Luise Borchardt unter Mitarbeit
von R.A. Schröder und S. Rizzi, Stuttgart o.J. (= 1955 oder 1956) 230–253. Der Begriff
schon in Hofmannsthals kurzem Aufsatz „Europa" (Europäische Revue 1925 = ders.:
Prosa IV, 242–243), in Aufnahme von Borchardts (früher geprägter) Formel. Vgl. Prohl,
J.: Hugo von Hofmannsthal und Rudolf Borchardt. Studien über eine Dichterfreundschaft,
Bremen 1973, 231.

Freundes Hugo von Hofmannsthal am gleichen Ort (10.1.1927):
„Das Schrifttum als geistiger Raum der Nation", worin von der
„konservativen Revolution" die Rede war[64]. Unter schöpferischer
Restauration als „eingreifende(r), verwandelnde(r) Aneignung der
Tradition"[65] verstehe ich für die augusteische Literatur eine Erneue-
rungsanstrengung aus dem Bewußtsein, Erbe einer großen und viel-
fältigen Tradition zu sein, die zur Lösung der zeitgenössischen
Aufgabe der Wirklichkeitsdeutung durch Literatur beitragen kann
und will. Friedrich Klingner hat Vergil in diesem Licht gesehen:
„Sein (sc. Virgils) Dichten ist vielleicht die größte Verwirklichung
bewahrender Erneuerung im Bereiche der Dichtung, die gewaltigste
dichterische Ausformung der Idee einer geistigen *restauratio*"[66].

Ein Zitat aus Borchardts Rede soll beleuchten, wie er für seine
Zeit Restauration verstanden hat (252): „Wir kennen nur die Tradition des Ganzen, nicht die des Einzelnen. [. . .] wir sind entschlossen
die Sprache und die Mittel, um sie im ganzen zu restituieren, im
einzelnen revolutionär zu behandeln, und wir sind uns durchaus und
fest bewußt, unsere Arbeit der Restauration, da wir sie schöpferisch
anfassen, nicht als Reaktion zu betreiben, sondern, wenn Ihnen das

64 Zuerst in der Neuen Rundschau 1927 und der Bremer Presse 1927, dann in H. v. H., Die
    Berührung der Sphären (S. Fischer) 1931 und nochmals 1933 im S. Fischer Verlag. Jetzt
    in: ders.: Prosa IV, Frankfurt am Main 1955, 390–413. Der Begriff 'Konservative
    Revolution' stammt nicht von Hofmannsthal. Vgl. Breuer, Stefan: Anatomie der Konser-
    vativen Revolution, Darmstadt 1995, 2. Aufl., 1–7; Breuer weist nicht explizit den
    Erstbeleg nach; aus Anm. 1 zu 1 ergibt sich jedoch als frühester Titel Ferchau, Dietrich:
    Unsere Parteien, Deutsches Volkstum 21 (1919) 33–36; hier: 36 („Unsere Größten sind
    konservative Revolutionäre gewesen: Luther, Fichte, Bismarck."), wenn nicht Moeller
    van den Bruck (Breuers Literaturverzeichnis führt Schriften von ihm auf ab 1904) die
    Priorität haben sollte (vgl. Jung, Edgar J: Das eigenständige Volk, Deutsche Rundschau
    Band 232 (Juli-August-September 1932) 86–92; hier: 88: Moeller van den Bruck „rich-
    tungweisend" „für die Idee des revolutionären Konservatismus").
65 Matz (1997) 28.
66 Klingner, Friedrich: Virgil als Bewahrer und Erneuerer, Das Humanistische Gymnasium
    42 (1931), S. 123–136; hier: 136.

Wort Revolution hier bedenklich klingt, als eine Reformation an Haupt und Gliedern."

So unvergleichlich die Konstellationen sind, in denen Borchardt im 20. Jh. und die augusteischen Dichter in ihrer Zeit stehen, so teilen sie doch eine grundlegende Erfahrung: den Krieg in der jüngsten Vergangenheit. Und dieser Krieg wurde sowohl von Borchardt als auch von den Augusteern nicht als Katastrophe der alten Welt verstanden, sondern im Gegenteil als Folge einer geschichtlichen Entwicklung, die mit dem Alten gebrochen hatte: „Der Krieg (sc. der Erste Weltkrieg) ist der Zusammenbruch, die Katastrophe der neuen Welt gewesen und nicht der alten" (245). Darauf hat mit überzeugender Entschiedenheit Wolfgang Matz in Heft 4 der Neuen Rundschau 1997 hingewiesen[67]. Auch der Prozeß der Entwicklung des augusteischen politischen und sozialen Systems kann als 'schöpferische Restauration' gedeutet werden, weil ebenfalls die Bürgerkriegsära nicht als Konsequenz des alten Systems, sondern als Katastrophe infolge der Abkehr von alten römischen Traditionen gedeutet und verstanden wurde.

Die Übernahme der Begriffsjunktur „schöpferische Restauration" aus der rigorosen Konstruktion der Borchardtschen Historik und Kulturkritik empfiehlt sich auch deshalb, weil der moderne Dichter und Kritiker jeden Klassizismus schroff ablehnte und, wo er nur irgend konnte, bekämpfte[68]. Mit Borchardt teilen die augusteischen Dichter ferner die hohe Auffassung vom Dichter und der Dichtung[69], wenn auch Anspruch und Selbstverständnis des modernen Dichters

---

[67] Matz (1997) 27. Vgl. auch Strauß, Botho: Distanz ertragen. In: Borchardt, Rudolf: Das Gespräch über Formen und Platons Lysis deutsch. Mit einem Essay von Botho Strauß, Stuttgart 1987, 99–118; hier: 102: „Der Erste Weltkrieg, für das erschreckte Europa der Zusammenbruch der alten Welt, offenbart umgekehrt dem metapolitischen Poeten gerade das unwiderrufliche Ende der neuen, der modernen Welt", womit die Aufgabe der Restauration der alten Welt deutlich bezeichnet ist.
[68] Vgl. Schmidt (1994) 109 ff.
[69] Vgl. u. Kapitel 6.

im Vergleich mit den Augusteern hybrid wirken. Die Romantik ist das Bindeglied zwischen der lateinischen Dichtung der augusteischen Zeit und dem Autor, der jüngst neben Stefan George und Hugo von Hofmannsthal dem 'ästhetischen Fundamentalismus' zugerechnet worden ist[70].

Mit der alexandrinischen Philologie setzt ein Prozeß der Enthistorisierung literaturgeschichtlicher Epochen, Dichtungen und Prosawerke ein. Die Sammlung, Ordnung und Edition aller Texte der Tradition projiziert die überkommene Literatur auf die homogene Bewußtseinsebene der Verfügbarkeit aller Bücher einer Bibliothek im Sinn gleichzeitiger und unterschiedsloser Präsenz und verwandelt das geschichtlich vertikale Nacheinander epochenspezifischer Ausdrucksmuster und Stile in das systematisch-literarische Nebeneinander von Gattungen. Aus dem geschichtlichen Dreischritt Epos, lyrische Formen, Drama wird die Vorstufe der neuzeitlichen Gattungstrias. Dieser intern nicht geschichtlich, sondern literarisch-systematisch differenzierten Tradition steht die alexandrinische Poesie jedoch im Bewußtsein der geschichtlichen Differenz, geschichtlichen Abstands und im Willen und Anspruch gegenüber, neue Wege zu erschließen. Dies vollzieht sich in einem Spektrum verschiedener Verfahrensweisen wie der Schaffung neuer Gattungen (z.B. Bukolik, Epyllion), der Kontamination überkommener Gattungen (erzählende aitiologische Elegie: Kallimachos, *Aitia*; tragischer Botenbericht als Epos: Lykophron, *Alexandra* in jambischen Trimetern) oder der Verwandlung übernommener Gattungen (Iambos, Epigramm)[71].

Im Unterschied zur alexandrinischen Dichtungsreform oder -revolution überwindet die augusteische Literatur einerseits das Bewußtsein geschichtlichen Abstands und trennender Distanz gegen-

---

[70] Vgl. Stefan Breuer, Ästhetischer Fundamentalismus. Stefan George und der deutsche Antimodernismus, Darmstadt 1995. Vgl. Strauß (1987; vgl. o. Anm. 67) 109: „der poetische Fundamentalist".

[71] Vgl. Schmidt (1987a) 250 f.

über der literarischen Vergangenheit sowie dementsprechender Notwendigkeit neuer Ausdrucksformen und rehistorisiert andererseits – in innerer geschichtlicher Differenzierung – die griechische und römische literarische Tradition. Sie tritt mit der ganzen Literaturtradition in einen Dialog unter Gleichen mit dem Anspruch, das Neue und von der Gegenwart Geforderte durch Synthese und Restauration zu schaffen. Diese Intention verwirklicht sich auf dem Weg einer Semantisierung von Epochen- und Gattungsstilen, die nicht mit einer Enthistorisierung einhergeht.

Das theoretische Modell für diese Beschreibung und Deutung der augusteischen Literatur entnehme ich der bereits genannten Heidelberger Akademieabhandlung von Tonio Hölscher, „Römische Bildsprache als semantisches System" (1987), der von „einer Semantisierung der Stile" (49), d.h. der griechischen Epochenstile, spricht. Hölscher zeigt, daß die römische bildende Kunst (nicht nur der augusteischen Zeit, aber mit dieser beginnend) für verschiedene Denkmälergruppen, Bedeutungs- und Ausdrucksintentionen sich je an Vorbildern aus verschiedenen griechischen Kunstepochen orientiert, so z.B. die staatliche Repräsentation an athenischer Bildkunst des 5. Jhs., Schlachtenbilder an hellenistischen Reliefs. „In allen Phasen der römischen Geschichte sind die verschiedensten Stilstufen der griechischen Kunst von der späten Archaik bis zum späten Hellenismus aufgenommen worden. Der hochklassische Körpertypus des Polyklet aus dem mittleren 5. Jh. v. Chr. ist zu Beginn der Kaiserzeit für den 'Idolino' in Florenz maßgebend geworden, ebenso aber auch hundert Jahre später, in flavischer Zeit, für eine Jünglingsstatue des Vatikans. Dagegen stellt ein augusteischer Altar in Arezzo mit der römischen Wölfin, den Zwillingen und den Hirten sich in die Tradition des mythologischen Landschaftsbildes, die erst in hellenistischer Zeit ausgebildet worden war, ebenso aber auch ein flavisches Relief der Villa Albani mit dem verliebten Polyphem auf dem Felsen."[72] „Die römische Kunst hat die Auswahl ihrer Vorbilder nicht primär am Stil oder Geschmack, sondern an den Inhalten und

Themen orientiert. Sie hat für verschiedene Themenkreise jeweils verschiedene Muster aus verschiedenen Epochen der griechischen Kunst aufgegriffen. Diese inhaltlich orientierten Muster wurden im Prinzip durch alle Epochen der römischen Kunst beibehalten, unabhängig vom jeweiligen Zeitstil."[73]

Die Orientierung an verschiedenen Epochenstilen scheidet nicht nur zwei verschiedene Werke verschiedener Aussage voneinander, sondern kann auch in einem einzigen Bildkomplex oder sogar in einer einzigen Darstellung oder Figur vorliegen. So haben die Gestalten des Prozessionsfrieses der Ara Pacis verschiedene Muster: Die Togati kommen dem Figurentypus des Panathenäenfrieses des Parthenon nahe, die Frauen des Kaiserhauses stehen der Spätklassik oder der weiblichen Gewandfigur des Hellenismus näher. Das Aeneasrelief der Ara Pacis folgt insgesamt dem Szenentypus des hellenistischen Landschaftsreliefs. Doch innerhalb dieser idyllischen Sakrallandschaft, für die allein die hellenistische Tradition ein verfügbares Ausdrucksmedium und damit eine bereitstehende Les- und Deutbarkeit bot, folgt der opfernde Aeneas wieder einem 'klassischen' Bildtyp, während der Opferdiener und erst recht die Sau hellenistisch-realistisch sind[74].

Es gibt aus augusteischer Zeit ein Zeugnis, das diese von Hölscher aufgezeigte Kunstgesinnung geradezu belegt. Vitruv behandelt die drei griechischen Tempelstile sowohl in Buch 1 seines Werkes „De architectura" als auch in den Büchern 3 und 4. Obwohl er weiß, daß der dorische Stil der älteste ist (arch. 4,1,3: „[. . .] e quibus prima et antiquitus dorica est nata") und er auch sonst im Zusammenhang mit dem griechischen Tempelbau durchaus absolut und relativ datiert[75], unterscheidet er die Stile doch nur ästhetisch

---

[72] Hölscher (1987) 15 f.
[73] Hölscher (1987) 19.
[74] Hölscher (1987) 46 und 48.
[75] Vgl. z.B. arch. 4,1,5. 7. 8.

und funktional, d.h. im Blick auf die jeweilige Angemessenheit gegenüber der Gottheit des Tempels (vgl. arch. 1,2,5 und 4,1,5–10). Es bedarf kaum mehr der Ausführung, wie sich das theoretische Modell Hölschers auch für die augusteische Literatur bewährt. Dennoch sollen einige Illustrationen gegeben werden. Zuvor ist jedoch noch auf eine ganz entscheidende Differenz zwischen bildender Kunst und Literatur hinzuweisen. Während das 'semantische System' der Bildkunst für die ganze Kaiserzeit und für die gesamte Reichskunst gilt, ist das entsprechende Modell in Anwendung auf die Literatur offenbar gerade ein Spezifikum der augusteischen Literatur und daher bis zu einem gewissen Grade, zumindest im Sinn des Mehr und Weniger, differential-diagnostisch gegenüber anderen römischen Literaturepochen einzusetzen[76]. Das aber bedeutet, daß die Analogie zwischen augusteischer bildender Kunst und augusteischer Literatur in Hinsicht auf konstruktiven Eklektizismus nur scheinbar ist, indem dieser für die Literatur eine differentia specifica abgibt, was er für die augusteische Kunst nicht nur nicht leistet, sondern auch gerade gar nicht leisten soll, zumindest nicht zur Abgrenzung gegenüber kaiserzeitlicher Kunst. So ist also auch Rudolf Borchardts glückliche Formulierung, wenn er, im Zusammenhang mit Horazens Oden, von der „echt römischen Morphokrasie" spricht[77], auf die augusteische Literatur, wenn nicht zu beschränken, so doch im Sinn des Superlativs anzuwenden.

Hölschers Erklärungsmodell für die römische Kunst ist für literarische Phänomene von Rudolf Borchardt vorweggenommen worden, sowohl praktisch als auch literarkritisch-theoretisch, praktisch nämlich in seiner eigenen poetischen Produktion, wie, um es allein für erzählerische Arbeiten zu exemplifizieren, ein Blick auf „Das

---

[76] Angedeutet bei Schmidt (1993) 467 [= Schmidt (2002) 91].
[77] Borchardt, Rudolf: Einleitung in das Verständnis der Pindarischen Poesie (1929/30), in: Prosa II, 131–234; hier: 136.

Buch Joram" (1905/1907), „Der Durant" (1904/05 – 1920), „Die
Beichte Bocchino Belfortis" (1904/05 – 1923) und auf „Der unwürdige Liebhaber" (1929) zeigt. Stellen sich „Die Beichte Bocchino
Belfortis" und „Der Durant" in mittelalterliche Traditionen, so „Das
Buch Joram" in die der Lutherbibel und „Der unwürdige Liebhaber"
in die der Kleistschen Novellen. Borchardt selbst erklärt sein Verfahren literarkritisch an einer Stelle[78]: „Der 'Durant' verhält sich zur
mittelalterlichen Tradition wie 'Joram' zur biblischen, indem er eine
nicht zu Ende gewonnene Tendenz der menschlichen Seele [. . .]
aufgreift und zu Ende dichtet, dort bei Hiob hier bei Dante." „Mir
(erschien) der Weg der Menschheit, der europäischen Menscheit,
überhaupt und im Ganzen als vorschwebender Mythus [. . .], der
nirgends zu Ende gekommen war und sich in allen seinen Stücken
durch mich weiter dichtete [. . .]." Das Buch Hiob in Luthers Übersetzung, Dante, Kleist: Stil als Epochenstil ist hier zugleich Gehalt
im Sinn geschichtlich geprägter Seelenhaltung.

Borchardt hat sich aber auch an anderer Stelle programmatisch
zu einem solchen Dichtungstyp geäußert. Er gibt im Nachwort zum
„Joram" (1907) eine Charakteristik Swinburnes, die, mutatis mutan-
dis, ein Selbstporträt ist: „Darin [. . .], daß ihm für jedes stilistische
Bedürfnis eine eigene archaische, fast liturgische Sprachform zur
Verfügung steht: die biblische für 'Aholibah' und den 'Reigen der
Königinnen', die galante für Rococo, die renaissancehaft reiche für
die großen Balladen, darin bezeugt Swinburne nicht [. . .], daß er
keinen eigenen Ton besitzt – er besitzt den distinktesten, den es
geben kann – sondern daß für ihn die gesamte, einmal stilgewordene
Anglizität eine Einheit ist, in der jeder schalten kann, der sie be-
herrscht, ein einziges gewaltiges und kursfähiges Erbe, überall
gleichmäßig lebendig, überall sofort adelnd, Ferne schaffend, Ge-

---

[78] Borchardt, Rudolf: Gedichte, Stuttgart 1957, 568 f.

meines weithin von sich absetzend, gleichgiltig ob Großvater oder Urahn das eine oder das andere Stück dazu gewonnen hat"[79].

Eine erste explizite Analyse im Sinn des hier vorgeschlagenen Modells eines konstruktiven Eklektizismus als schöpferischer Restauration liegt für das horazische Epodenbuch vor. In dem Aufsatz „Öffentliches und privates Ich. Zur Funktion frühgriechischen und alexandrinisch-neoterischen Epochenstils in Horazens Jambik" (1993) habe ich herauszuarbeiten versucht, wie innerhalb eines insgesamt an Archilochos und Hipponax orientierten Gattungsverständnisses von "Ιαμβος für die Sprechhaltung des für die Gemeinschaft sich verantwortlich fühlenden repräsentativen Dichters frühgriechische Muster (Archilochos, Alkaios, Solon, d.h. Iambos, Melik, Elegie) ausgewählt sind, während für Fragen subjektiver Moral, für intimes Sprechen und für Themen der privaten Sphäre kallimacheisch-catullisches Kolorit bezeichnend ist. (Dieser Befund illustriert zugleich die These des neunten Kapitels, nach der für die augusteische Dichtung die Spannung zwischen apolitischer Privatheit und historisch-gesellschaftlich-politischem Interesse und Engagement typisch ist.)

In der Beschreibung des Phänomens des literarischen Eklektizismus stimme ich mit Galinsky (1996) überein. Eklektizismus gehört in seinem Kapitel „Augustan Literature" zwar nicht zu den „General Characteristics", denen eigene Sektionen mit Überschriften gewidmet sind, nämlich „Evolution", „Complexity and Multiplicity of Meanings", „Experimentation" und „Transcendence", und der Begriff begegnet bei ihm auch nicht im Zusammenhang mit Literatur. Aber einerseits charakterisiert er z.B. Ovids *Metamorphosen* in der folgenden Weise: „The mixture of styles and genres in Ovid's work was a thoroughly Augustan phenomenon not only in literature but [. . .] also in art and architecture" (262) oder das Geschichtswerk des

---

79 Borchardt, Rudolf: Prosa I, Stuttgart 1957, 323.

Livius: „the mixture of styles he employed has its counterpart in
Augustan poetry, art, and architecture" (280) oder „Parallel to similar
tendencies in Augustan art, architecture, and poetry, (his style) is a
conscious mixture of many previous traditions and genres" (284).
Und andererseits impliziert die für das Buch konstitutive Analogie
zwischen augusteischer Kunst und Literatur, daß die archäologi-
schen Aussagen allgemeiner Art auch in literaturgeschichtlicher
Übertragung gelten, wie z.B. „deliberate synthesis of several traditions" (162 von der Augustusstatue von Prima Porta) oder über das
Forum Augustum: „a comprehensive and creative citation of Greek
architectural and artistic styles from all periods – archaic, high
classical, late classical, and Hellenistic – in combination with Roman, Etruscan, and Italic traditions" (200) oder im Zusammenhang
mit dem palatinischen Apollotempel: „the entire architectural and
artistic program on the Palatine prefigures the typically Augustan
combination of various Greek and Roman styles, constituting a
composite that has a parallel in the combination of various genres in
major poetic works of the age, such as Vergil's *Aeneid* and Ovid's
Metamorphoses" (222). Jedoch selbst in Aussagen über augusteische Kunst begegnet der Begriff 'Eklektizismus' selten (was angesichts der sonstigen hartnäckigen Wiederholung von Leitbegriffen
immerhin auffällig ist), nämlich nur auf zwei Seiten. So heißt es
zuerst im Zusammenhang mit der Malerei, ihr augusteischer Charakter sei, wie es auch für die augusteische Literatur gelte, u.a. in
ihrem „eclecticism of styles and themes" (194) zu sehen. Danach
findet sich in einem Kontext, der, von augusteischer Skulptur aus-
gehend, allgemeinere Aussagen macht, die folgende Passage: „The
sophisticated eclecticism – for example, of a neoclassical statue with
a Myronian head, Praxitelean arms, and a Polykleitan chest (*Auct.
ad Her.* 9) – that was mostly aesthetic was now complemented with
a sophisticated eclecticism of meaningful associations, as in the
relief with the Ara Pacis goddess [. . .]. Eclecticism and the utilization

of *all* Greek traditions (including 'Hellenistic') were essential to Augustan classicism" (342). Hier spricht Galinsky nicht nur von der Kunst, sondern auch von der Literatur, wie der bei ihm anschließende Text erkennen läßt. Auf der gleichen Seite noch (zu Reliefdekorationen auf Marmorkandelabern) begegnet die Formulierung „with the usual eclectic mix of archaic, classical, and Hellenistic elements". Nach der Bestimmung des „Augustan classicism" als Eklektizismus sagt Galinsky von diesem 'classicism': „It is 'classical' (d.h. 'klassisch', nicht: 'klassizistisch') in the sense that it chose the best and most suitable characteristics from a variety of traditions, styles, and genres, recombining them to achieve a surpassing work of art or poetry. Good examples are the Prima Porta Augustus [. . .], and the poetry of Vergil, Horace, and Ovid."

An Illustrationen aus der augusteischen Literatur zum konstruktiven Eklektizismus in schöpferischer Restauration seien die folgenden Werke genannt. Ovids *Metamorphosen*[80] stehen in kontinuierlichem Dialog mit der *Aeneis*[81]; sie stellen sich zugleich, nach Form und Thema, in die Tradition des hellenistischen aitiologischen narrativen Kollektivgedichts[82], indem sie diese im Sinn der vergrößerten Ausführung des Silensgesangs aus Vergils sechster Ekloge konkretisieren und beleben; sie setzen die eigene Liebesdichtung ihres Dichters fort und füllen diesen 'Rahmen' mit literarischen Formen und Stilen, auch Stilisierungen und Parodien, wie dem naturwissenschaftlichen Lehrgedicht, dem alexandrinisch-neoterischen Epylli-

---

[80] Vgl. Galinsky (1996) 262 (zitiert o. S. 47) und 360: „The *Metamorphoses* [. . .] draws on the whole range of Greek and Roman literature with the concomitant crossing of genres"; das entsprechende Programm führt er jedoch in seinem Abschnitt über die *Metamorphosen* (S. 261–269) nicht eigentlich durch.

[81] Vgl. Galinsky (1996) 262. 268.

[82] Vgl. Schmidt (1991) 70–74; Loehr (1996). Der Episodenstil, „the emphasis on single scenes", dürfte eher mit der literarischen Tradition des Kollektivgedichts, als mit dem zeitgenössischen tragischen Pantomimus (so Galinsky [1996] 265) in Zusammenhang gebracht werden.

on, der Novelle, dem Roman, der Neuen Komödie[83], mit Katalogen und Allegorien. Auch das livianische Geschichtswerk stellt sich synthetisch-eklektisch dar[84]. Von Albrecht[85] und Galinsky[86] erinnern daran, daß die frühen Bücher ein Prosaepos genannt worden sind, also gelegentlich an frührömisch-epischen Stil (Ennius) erinnern, wohl durch die Annalistik hindurch. Der Vergleich mit Herodot steht schon bei Quintilian (*Inst. or.* 10,1,101) und hat sein begrenztes Recht in der Analogie der Polaritäten Livius-Sallust und Herodot-Thukydides. Aber Livius kann auch thukydideisch und sallustisch sein. Er kann Mustern der sog. tragischen hellenistischen Geschichtsschreibung folgen oder den Ton offizieller römischer Jahreschronik übernehmen. Eine generelle Charakteristik des wichtigsten Prosaautors der augusteischen Zeit als 'silbern' ist nicht nur per se absurd – eher müßte man entsprechende Stilphänomene der Silbernen Latinität augusteisch nennen –, sondern wegen der inneren Differenzen livianischen Stils einerseits und der Spannweite 'silbernen' Prosastils andererseits (Seneca, Plinius maior, Quintilian, Plinius minor, Tacitus) selbst als Paradox nicht erhellend.

Für Vergils *Aeneis* kann man zeigen, daß Heroisch-Kriegerisches in ihr (Schlachtenschilderung, Aristien, der Schild des Aeneas) iliadisch ist, Heroisch-Abenteuerliches und Führungsverantwortung odysseisch, Landschaftliches und Liebe hellenistisch-neoterisch (Apollonius Rhodius, Catull), Staatlich-Repräsentatives, Religiöses, Riten, römisches Zeremoniell, magistratische Würde usf. frührömisch-episch, insbesondere ennianisch.

---

83 Vgl. z.B. Niklas Holzberg, Ovids 'Babyloniaka' (Met. 4,55–166), Wien. Stud. 101 (1988) 265–277.
84 Vgl. Galinsky (1996) 280 und 284 (zitiert o. S. 48).
85 Von Albrecht (1994), Bd. 1, 670–672 („Sprache und Stil").
86 Galinsky (1996) 280–287.

Immer wieder finden sich aber auch auf engstem Raum Synthesen verschiedener Epochenausdrucksweisen, die nicht mehr mit einer Kombinatorik in der Bildkunst verglichen werden können, wie es T.P. Wiseman mit Catulls Dianahymnus (c.34) getan hat. Er charakterisiert dieses Gedicht als „a Roman hymn in Greek lyric metre, celebrating a Greek myth but invoking in archaic Latin the goddess' help to the Roman people, as of old" und vergleicht es daher mit der Statue eines unbekannten römischen Geschäftsmanns auf Delos von der Mitte des 1. Jhs. v. Chr., die den Porträtkopf eines Römers mit Hängebacken, ausladendem Schädel und abstehenden Ohren mit dem athletischen, heroisch-idealen Körper einer griechischen Nacktskulptur kombiniert[87]. Auch subtilere augusteische Stilverschmelzungen in einem einzigen Bild oder einer Einzelfigur[88] sind kaum noch als Analogiefälle zu dem dichterischen Verfahren anzusehen, indem Sprachkunst es möglich macht, mehrere Epochenstile ineinander zu schieben bzw. übereinander zu schichten und so zugleich die Erkenntnis zu vermitteln, daß ihre jeweiligen Aussagen identisch oder kompatibel oder komplementär sind und nur ihre Einheit oder erst ihre Summe oder ihre Durchdringung dem Wahrheitsanspruch oder der Wirklichkeitskomplexität gerecht werden, wobei sich die jeweiligen Konnotationen zu einer die dichterische Aussage überwölbenden Aura zusammenschließen. So kann in Epos oder Lyrik der höchste Gott in einem oder wenigen Versen die Einheit aus dem Zeus der *Ilias*, dem römischen Staatsgott Iuppiter Optimus Maximus und der stoischen Weltvernunft sein oder der römische Staatsgott zugleich als triumphierender Feldherr, als der den Gigantenaufstand niederwerfende Zeus, wie er oft in der bildenden Kunst der Griechen dargestellt wurde, der homerische Zeus in

---

[87] Wiseman (1985) 92 und 99 mit Tafeln 1 und 2 (vgl. Galinsky [1996] 339 mit fig. 161). Ich sehe hier davon ab, daß dieser Vergleich schon bei Catulls Gedicht unangemessen ist.
[88] Vgl. Hölscher (1987), z.B. 40 f. 46; Galinsky (1996) passim.

der berühmten Szene im A der *Ilias* (v.524–530), der unbewegte
Beweger des Alls nach Aristoteles, *Metaphysik* Λ und der mühelos
waltende Höchste nach Hesiod, *Erga* 1–8 oder Xenophanes, *fr.* 25
gezeichnet werden[89]. So verschmilzt in der horazischen Lyrik hellenistische Lebensphilosophie und archaisch-lyrische Lebenskunst
und Protreptik.

In den wenigen Versen (*Aen.*1,92–101), in denen Vergil den
Helden seines Epos vorstellt, deutet er durch Zitat zweier analoger
Passagen aus der *Ilias* und der *Odyssee* (*Il.* 21,272–283; *Od.*
5,297–312; die Verse *Il.* 21,281 und *Od.* 5,312 sind identisch) an,
daß Aeneas sowohl ein Achill als auch ein Odysseus ist, und indem
er gerade solche Zitate auswählt, die ihre Helden in der Krise zeigen,
und die Krise des Aeneas zur absoluten Sinnkrise vertieft, führt er
das neue Heldentum seines Gedichts ein[90]. Daß der Held in der
Sinnkrise auch ein Erbe des apollonischen Antihelden Iason ist, gibt
der Vorstellung des Aeneas im Kontext des Seesturms eine zusätz-
liche Nuance.

Die Rede Jupiters zu Venus im ersten *Aeneis*buch ist strukturell
Ilias- und *Odyssee*zitat, in ihrer Einführung ennianisch (*Aen.* 1,254f.:
„olli subridens hominum sator atque deorum / vultu, quo caelum
tempestatesque serenat"; vgl. Enn., *ann., fr.* 31 Sk.: „olli respondit
[. . .]"; 446 f. Sk: „Iuppiter hic risit tempestatesque serenae / riserunt
omnes risu Iovis omnipotentis"; 203: „[. . .] divom pater atque
hominum rex [. . .]") und kallimacheisch zugleich (vgl. *Artemishym-
nos*, v.28–31), in der Durchführung wieder auch ennianisch.

---

89 Vgl. Pöschl (1970a) 157.
90 Vgl. Schmidt (1994) 106 f. Die Deutung Galinskys (1996) 123 f., Vergil präsentiere hier
    Aeneas als jemanden, der „is trying to seek recourse in the past", geht an der Pointe des
    Passus vorbei.

4. Kapitel

Einheit und Prozeß
der augusteischen Literatur
als Gesprächszusammenhang
über gemeinsame Grundthemen

In kaum einer anderen literaturgeschichtlichen Epoche ist der zeitgenössische Gesprächszusammenhang so dicht und so intensiv wie
in der augusteischen Zeit. Das darf für den Dialog zwischen Vergil
und Horaz von 40 v. Chr. bis über den Tod Vergils hinaus als evident
gelten[91]. Es ist ebenso evident für die augusteischen Elegiker in ihrer
dichten Diadochie. Es gilt auch für den Dialog zwischen den Elegi-
kern auf der einen und Vergil auf der anderen Seite. Es ist für Ovids
Metamorphosen im Blick auf Vergils *Aeneis*, für seine *Fasten* im
Blick auf Properzens viertes Elegienbuch zu beobachten. Und auch
wo sich die Autoren nicht unmittelbar miteinander unterhalten,
nehmen sie doch am Gespräch über gemeinsame Themen teil, was
so für die Dichter und für Livius wie Dionysios von Halikarnaß gilt.

Die reziproke Intertextualität innerhalb der Texte der augusteischen Literatur hat eine andere Qualität als die zwischen ihnen und
den Texten der griechischen und römischen Vergangenheit. Es geht
entweder um direkte Auseinandersetzung über die gleiche Sache
oder um Neubeurteilung angesichts wahrgenommener Veränderungen bzw. um veränderte Wahrnehmung. Daher schließt der Dialog
auch die eigenen früheren Werke als Gesprächspartner ein, wobei

---

[91] Vgl. Schmidt (1983).

gelegentlich sogar ein Gespräch zwischen unmittelbar nacheinander entstandenen Gedichten aufkommt, wie z.b. Vergils erste Ekloge auf seine neunte antwortet.

Gespräch als gemeinsame Verarbeitung von Erfahrungen bedeutet, wenn die Gesprächspartner zuhören können, wenn sie klug und lernfähig sind, daß sie beim Gespräch vorankommen, sich verändern. Dies ist erst recht der Fall, wenn dem Gesprächsprozeß in der Zeit laufend neue Erfahrungen oder Erfahrungsmöglichkeiten zuwachsen.

Der Gesprächsprozeß in der augusteischen Zeit ist also das Medium, das sowohl Zusammenhang herstellt und insofern systematische Einheit pragmatisch ermöglicht als auch Prozeß und Veränderung bewirkt und vermittelt. Um diese These zu illustrieren, bezeichne ich zunächst den Ausgangspunkt des Freundesdialoges zwischen Vergil und Horaz[92]. (Die Themen und die Richtung dieses Lebensgesprächs werden in den Kapiteln 6 und 7 behandelt.)

Der Dialog der Freunde Vergil und Horaz ist, so sehr beide sie selbst bleiben, doch die Grundform ihrer geistigen Arbeit geworden. Wenn wir ihren Dialog in Beziehungen ihrer Werke fassen können, betrachten wir Horaz als Vergilleser und Vergil als Horazleser.

Der Grundtext, der den Dialog und die Freundschaft eröffnet und der bis zuletzt im Gespräch präsent bleibt, ist Vergils vierte *Ekloge*[93].

---

[92]   Vgl. Schmidt (1983).

[93]   Die Priorität der vierten *Ekloge* vor Horazens frühen politischen *Epoden* ist umstritten. Auch daran mag die Zurückhaltung liegen, sich der Geschichte des Dialogs der Dichterfreunde anzunehmen. Der Prioritätsstreit wird hier weder referiert (Literatur dazu bequem, nach Für und Wider in zwei Kolumnen geordnet, bei Götte, J. u. M. (edd.): Vergil, Landleben. Lat. u. dt., München 1981[4], 495, Anm. 1; vgl. auch Setaioli, A.: Gli 'Epodi' di Orazio [...]. In: ANRW II 31.3 (1981) 1674–1788; hier: 1753–1761) noch ausdrücklich erneuert. Ausgangspunkt ist vielmehr Schmidt (1987b), bes. 218ff.; und die geschichtliche Plausibilität der Folgerungen muß für sich und für deren Voraussetzung sprechen: eben die Priorität von ecl.4. Zuletzt zur Priorität Vergils: Du Quesnay, Ian M. Le M.: Vergil's Fourth Eclogue, Papers of the Liverpool Latin Seminar 1, 1976). In: Arca 2 (1977) 25–99; hier: 76.

Horaz hat die Epochenbedeutung dieser Dichtung sofort erkannt. In zwei *Epoden*, der siebenten und der sechzehnten, griff er je eines der beiden Grundmotive von *ecl.*4 auf und machte so das Gedicht Vergils zur Magna Charta der augusteischen Epoche, zu einem Grundtext, mit dem sich die Deutung der Zeit auseinanderzusetzen und an dem sie sich abzuarbeiten hatte[94]. Vergils und Horazens Dichtungen sind Deutung ihrer Zeit im Licht von *ecl.*4 und Transformation von *ecl.*4 im Prozeß der Verarbeitung der sich wandelnden Zeit. Diese Arbeit geschieht auf den beiden Denkbahnen, die Horaz mit seiner doppelten Antwort auf *ecl.*4 begründet hat, der Deutung der römischen Geschichte im Anschluß an *ecl.*4 und *epod.*7 und dem Verhältnis des Dichters zu seiner Gegenwart im Symbol der Dichter- und Heilslandschaft in Fortführung von *ecl.*4 und *epod.*16. So entsteht die augusteische Geschichtsauffassung aus der Hoffnung Vergils (in *ecl.*4) und der Verzweiflung Horazens (in *epod.*7); und die augusteische Dichterauffassung entwickelt sich aus der Rezeptivität Vergils gegenüber der Außenwelt (wieder in *ecl.*4) und der Kraft des horazischen Dichterbewußtseins (in *epod.*16). Oder, mit Zitaten aus den drei Gedichten formuliert, die augusteische Geschichtsauffassung ist die Synthese von „redeunt Saturnia regna" und „acerba fata Romanos agunt", die augusteische Dichterauffassung die Synthese von „te duce" und „vate me"[95]. Die beiden Epoden geben also Kriterien an die Hand, in dem Freundesgespräch zwei Stränge zu unterscheiden (und sie hier zwei verschiedenen Kapiteln und Thesen zuzuweisen): Ohne die Antwort des Horaz in *epod.*16 hätte von *ecl.*4 kein Weg zum *Carmen saeculare* geführt (vgl. Kapitel 6), ohne die Reaktion von *epod.*7 hätte *ecl.*4 nicht zur *Aeneis* hin wachsen können (vgl. Kapitel 7).

---

[94] Vgl. jetzt auch Galinsky (1996) 93.
[95] Verg.,*ecl.* 4,6 und Hor.,*epod.* 7,17; *ecl.* 4,13 und *epod.* 16,66.

5. Kapitel

Die augusteische Literatur als 'ihre Zeit, in literarische Form gebracht': Reflexion der Gegenwart, neues Geschichtsbewußtsein, neues Selbstverständnis römischer und individueller Identität

Die augusteische Literatur 'ist ihre Zeit, in literarische Form gebracht': Umfassende Reflexion der Gegenwart, verbunden mit einem neuen Geschichtsbewußtsein und einem neuen Selbstverständnis sowohl römischer als auch individueller Identität, ist für sie charakteristisch. Diese These ist hier nicht eigentlich zu explizieren; sie steht als Überschrift über den Thesen der nächsten vier Kapitel (Nr. 6–9) und soll nur von vornherein den Zusammenhang der in ihnen folgenden Bestimmungen herstellen und die systematische Einheit der augusteischen Literatur in einen einzigen formelhaften Satz schließen. Mit der Abwandlung des berühmten Hegelschen Satzes „Philosophie ist ihre Zeit, in Gedanken erfaßt"[96] in 'Die augusteische Literatur ist ihre Zeit, in literarische Form gebracht' ist nicht beabsichtigt, eine Leerformel zu generieren, die besagte, augusteische Literatur beziehe sich auf die augusteische Zeit, wobei

---

[96] G.W.F. Hegel in der Vorrede zu seiner Rechtsphilosophie (Naturrecht und Staatswissenschaft im Grundrisse. Grundlinien der Philosophie des Rechts, Berlin 1821). Vgl. dazu Bubner, Rüdiger: „Philosophie ist ihre Zeit, in Gedanken erfaßt". In: Bubner, R., Cramer, K., Wiehl, R. (edd.): Hermeneutik und Dialektik I, Tübingen 1970, 317–342; bes. 337: „Die ausdrücklich reflektierende Entgegensetzung zur Zeit bringt deren verborgene Struktur zum Vorschein und vermittelt die wahre Fülle der Inhalte anstatt einer kontingenten Auswahl. Sie nimmt die Sachmomente der Zeit auf und verändert ihre historische Erscheinungsform: *Sie spiegelt nicht nur die Zeit, sondern 'faßt sie in Gedanken'*."

dann impliziert wäre, daß das Entsprechende für die spätrepublikanische, die frühkaiserzeitliche und für alle Literaturepochen überhaupt gelte. Vielmehr soll die Formel gerade die Differenz zu anderen Epochen herausstellen: Die augusteische Literatur ist in ungewöhnlicher Intensität an der eigenen gegenwärtigen Wirklichkeit interessiert, ein Interesse, das sich dem Bewußtsein verdankt bzw. in dem sich das Bewußtsein ausspricht, in einer besonderen Epoche zu leben, einer Krisen- und Wendezeit[97]. Aus diesem Bewußtsein kommt das neue geschichtliche Fragen, der Versuch, die Gegenwart aus der Geschichte zu verstehen.

Dieses neue Bewußtsein äußert sich zugleich als Auseinandersetzung über das richtige Leben im Spannungsfeld von Staat und Individuum, Öffentlichkeit und Privatheit. Diskurs über Lebensformen, das Motiv der Lebenswahl, Streit um die leitende philosophische Schule und nicht zuletzt die Reflexion über die Funktion der Dichtung und den Rang des Dichters sind typisch für die augusteische Literatur.

Wenn wir Vergils *Aeneis* mit Catulls *Peleus-Epyllion* auf der einen und mit Lucans *Pharsalia* auf der anderen Seite vergleichen, wenn wir Horazens Lyrik und die augusteische Elegie mit Catull vergleichen, wenn wir Horazens *Satiren* und *Episteln* mit Lukrez

---

[97] Vgl. die analoge Bestimmung der Philosophie in der Weimarer Zeit durch Fahrenbach, Helmut: Die Weimarer Zeit im Spiegel ihrer Philosophie. Philosophie, Zeitanalyse und Politik insbesondere bei Spengler, Heidegger, Bloch. In: Cancik, Hubert (ed.): Religions- und Geistesgeschichte der Weimarer Republik, Düsseldorf 1982, 230–260. Fahrenbach sieht das Bewußtsein der „Notwendigkeit zeitgeschichtlicher Reflexion" in der Philosophie der Weimarer Zeit begründet „in der im 19. Jahrhundert maßgeblich gewordenen geschichts- und zeitbezogenen Reflexionsform der Philosophie", wie sie vor allem durch Hegels Satz „Philosophie ist ihre Zeit in Gedanken erfaßt", durch Marx und Nietzsche repräsentiert sei, welche Wendung durch „spezifische Erfahrungen und Motive aktualisiert und verstärkt worden" sei, insbes. die „Erfahrung [. . .] des Kriegs-Endes und seiner äußeren und inneren Folgen". Hegels Satz besage nicht, „Philosophie sei lediglich 'Ausdruck' der Welt- und Lebensanschauung ihrer Zeit; sie ist vielmehr das nachträgliche 'Begreifen' der wesentlichen Vernunftbestimmungen und Wahrheit der Zeit" (alle Zitate: 230 f.).

auf der einen und Seneca auf der anderen Seite vergleichen, wird die Sonderstellung der augusteischen Literatur sichtbar. Sie tritt ebenso hervor, wenn wir Vergils Bukolik neben Theokrit stellen – schon im dritten Vers der ersten Ekloge („nos patriae finis et dulcia linquimus arva") ist der theokritische Einsatz (v.1 f.) verwandelt und eine neue Form entstanden –, wenn wir Horazens *Jamben* neben denen des Kallimachos lesen oder die augusteischen Elegiker vom Epigramm und der erzählenden Liebeselegie des Hellenismus her anschauen.

Auch die Initiative zum livianischen Geschichtswerk, seine Anschauungsform, der große Atem und die Stetigkeit des arbeitenden Historikers lassen sich in den Zusammenhang der geschichtlichen Selbstreflexion der augusteischen Zeit einordnen. Von Ovid gehören die *Fasten* in diesen Zusammenhang, und auch die frühe Liebesdichtung und die späte Exildichtung sind augusteisch in ihrer Reflexion auf das Leben in der aktuellen Gegenwart. Nicht gänzlich in diesem Horizont lassen sich die *Heroides* und die *Metamorphosen* betrachten. Sie sind zugleich hellenistischer und auch silberner als die anderen Dichtungen der augusteischen Zeit; sie kehren zum griechischen Mythos als Medium der Selbstdeutung zurück, und die Selbstdeutung gilt dem konstant und geschichtsunabhängig Menschlichen, nicht der eigenen römischen Gegenwart.

6. Kapitel

Hoher dichterischer Anspruch (Dichter-Idee) und intensive Reflexion auf das Dichten (poetologische Dichtung) in der augusteischen Dichtung

(a) Einheit und System

Die augusteische Dichtung ist von hohem dichterischen Anspruch und von intensiver Reflexion auf das Dichten geprägt. Diese Komprimierung eines evidenten Sachverhalts in eine Formel läßt sich wieder auffalten, wenn man zu ihr auf die folgenden beiden Stichwörter verweist: 'vates' und 'ars poetica'. Die augusteische Dichtung erhöht den 'poeta' zum 'vates', und die einzige poetische Poetik der griechisch-römischen Literaturgeschichte entsteht in augusteischer Zeit: Horazens sog. *Ars poetica*.

Eines der auffälligsten Kennzeichen der augusteischen Literatur ist das hohe Selbstbewußtsein[98] der Dichter, ein neues Verständnis, mit neuem Anspruch, von der Funktion, der Kraft und der Würde der Dichterrolle. Zwar ist dieses Selbstverständnis nicht unableitbar und analogielos: Es besitzt durchaus Vorstufen und Vorläufer im Selbstverständnis der geistigen Leistung bei den Prosaautoren Ci-

---

[98] Vgl. z.B. Snell (1945) 394–397 in seinem leichten Spott und Befremden, wenn er die „indiskrete Frage" stellt, „warum Horaz gerade dem Dichter zubilligt, so stolz auf sein Tun zu sein" (394).

cero und Sallust – in den Proömien der philosophischen Werke des
ersteren und in seiner Selbstdarstellung im *Brutus* sowie in den
Proömien der historischen Monographien des letzteren – und auch
bei den beiden Dichtern der späten Republik, Lukrez und Catull;
auch standen Analogien und Modelle in der frühgriechischen Dichtung und Philosophie bereit, insbes. bei Parmenides und Pindar.
Aber erst jetzt wird das hohe Selbstverständnis in der römischen
Dichtung prominent und zentral. Es ist ein konstituierendes Merkmal der Epoche und ein Systemelement, das mit anderen Eigenarten
der augusteischen Literatur systematisch verbunden und vernetzt ist.

Der erste auffällige Befund ist die Häufigkeit, mit der die augusteischen Dichter von ihren Dichtungen, vom Dichten und von sich
selbst als Dichtern reden, und zwar in ihren Dichtungen. Keine
antike Literaturepoche kennt ein solches Ausmaß an poetologischer
Dichtung, keine andere Epoche ist so intensiv von poetologischer
Reflexion in den Dichtungen durchsetzt wie die augusteische, die
dabei aber nie in pure Selbstreferentialität verfällt oder die Dichtung
von der Wirklichkeit abkoppelt. Das gilt auch für die erste Dichtung
der Epoche, Vergils Bukolik, sein Buch der zehn *Eklogen* (43/42–35
v. Chr.)[99], das sogar insgesamt poetologisch ist[100]. Bei der Interpretation dieser Gedichte darf man keineswegs von einem ahistorischen
Poesieverständnis ausgehen, und in ihrem Fall wie bei allen poetologischen Dichtungen der augusteischen Zeit führt allegorisierende
Deutung in die Beliebigkeit und zu Bedeutungsverlust. In den
Eklogen wird durchaus auf die konkrete zeitgenössische Aufgabe
des Dichters reflektiert; der Bukoliker Vergil sucht den Dichter und
seine Aufgabe im Übergang von der neoterischen zur augusteischen

---

[99] Vgl. Schmidt (1987b) 201–205.
[100] Vgl. Schmidt (1972).

Zeit dichterisch zu erfassen. Vergils Weg geht nicht, wie die land-läufige Meinung in Nachfolge der mittelalterlichen *rota Virgilii* will, von den Hirten über die Bauern zu den Kriegern, sondern – nach neoterischer Dichtung im *Catalepton* – vom Dichter und dem Dich-ten (*Bucolica*) zu zwei großen Dichtungsaufgaben: dem Menschen in der Natur (*Georgica*) und dem Menschen in der Geschichte (*Aeneis*).

Poetologisch konnte Hirtenpoesie werden, weil ihre Figuren, aus deren Dialogen und Liedern die bukolischen Gedichte bestehen, nicht als realer Berufsstand und als ein Sektor antiker Wirtschaft interessieren, sondern nur als Sänger und Dichter, welcher Grundqualität sogar ihr Status als Liebende zu- und untergeordnet wird. Vergil schafft sich mit den Hirten und der in ihrem Gesang verarbeiteten und erarbeiteten Welt ein poetisches System, das sym-bolisch für den Dichter und sein Dichten steht.

Die letzten Dichtungen der augusteischen Literaturepoche sind Ovids Exilelegien (9–16 [?] n. Chr.), die fünf Bücher *Tristia* und vier Bücher *Epistulae ex Ponto*. Diese Elegien kreisen um das Geschick des aus der Hauptstadt verbannten Dichters, und dabei ist der Gesichtspunkt, daß *der Dichter* Ovid verbannt wurde, daß *der römische Dichter* jetzt im fernen Barbarenland leben muß und daß er sich als *Dichter* mit *Gedichten* an die römische Öffentlichkeit wendet, zwar nicht der einzige, aber doch der zentrale und wichtig-ste.

Zwischen diesen beiden Eckpunkten, der vergilischen Bukolik und der ovidischen Exildichtung, sind die Haupttypen poetologi-schen Dichtens in der augusteischen Literatur- nicht die einzigen Formen, aber die besonders wichtigen Grundtypen – das sog. Recu-sationsgedicht, apologetische Verse oder Passagen in größeren Wer-ken, die scheinbar eine bestimmte Dichtung in der Zukunft ankün-digen. Recusatio oder Apologie: Der Dichter lehnt das angebliche Ansinnen, die Erwartung oder Zumutung ab, auf Augustus, seine führenden Generäle, ihre Kriege und Taten ein enkomiastisches Epos zu dichten. Diese Ablehnung, 'recusatio', wird in Form einer Entschuldigung, apologetisch, durchgeführt, und dabei reflektiert der Dichter auf seine eigentliche Dichtungsaufgabe, seine Begabung, sein Stilideal, seine eigensten Themen. Die Ablehnung kann auch in der Form des Hinhaltens und Vertröstens präsentiert und versteckt werden; eine zukünftige Dichtung wird angekündigt oder erhofft. Auch dabei kommt das Selbstverständnis des Dichters vom Dichten und der Rolle des Dichters zum Ausdruck, gelegentlich sogar in der faktischen Durchführung des scheinbar Abgelehnten im Akt der Apologie selbst, wobei die Aufgabe in die eigene Dichtervorstellung hinübergespielt und derart gereinigt und nobilitiert wird.

Andere systematische Orte und Formen für poetologische Äußerungen sind die ersten und letzten Stücke in Gedichtbüchern oder -editionen. Die Eröffnungsgedichte sind oft programmatisch (Programmgedichte), die Schlußgedichte oft autobiographisch-poetologisch (σφραγίς-Gedichte). Weitere Orte poetologischen Dichtens sind Hymnen auf musische Götter, Musenanrufe und die Spezifizierung der inspirierenden Gottheit: Arethusa, Bandusia, puella, Amor.

Die augusteischen Dichter konzentrieren ihren hohen Dichteranspruch und die spezifische Begründung dieses Anspruchs in der Selbstbezeichnung *vates*, dem römischen Wort für 'Prophet' sowohl in dem Sinn, Mundstück eines Gottes zu sein, als auch in dem des Zukunftswissens, der Voraussage, mit welchem Begriff sie das von ihnen beibehaltene und sogar ebenfalls selbst neu vertiefte griechische Wort *poeta* (ποιητής), die Selbstbezeichnung der Dichter am Anfang der römischen Literatur – Naevius, 2. Hälfte des 3. Jhs. v. Chr. – ergänzen. So bedeutet *vates* sein, Mundstück eines Gottes, göttlich inspiriert zu sein und daher tieferes und umfassenderes Wissen als die anderen Sterblichen zu haben, größere Kraft und Autorität zu besitzen, um die Wirklichkeit zu deuten und Wegweisung für die Zukunft zu geben, und es schließt daher auch Führungsanspruch ein. Doch bleibt *vates* zugleich für 'Prophet(in)' weiterhin in Gebrauch[101].

Von Vergil und Horaz in den Jahren 40–35 v. Chr. zuerst gebraucht, ist *vates* von da an fest etabliert und wird nahezu terminologisch. Als hohen Namen für den Dichter, nämlich als einen göttlich Inspirierten und Wissenden – das Prophetische ist im augusteischen Dichtungskonzept nicht notwendig mit Zukunftswissen verbunden – führt Vergil das Wort im Jahre 40 v. Chr. ein (*ecl.*9,34: der Vers mit „vates" steht genau in der Mitte des Gedichts von 67 Versen). Vgl. v.32–34:

> et me fecere poetam
> Pierides, sunt et mihi carmina, me quoque dicunt
> vatem pastores

Horaz nimmt dies bald darauf (39–37 v. Chr. [?]) an prominenter Stelle mit höchstem Anspruch, unmittelbar auf sein eigenes Dichten bezogen, auf, nämlich im Schlußvers von *Epode* 16 (v.66):

> piis secunda vate me datur fuga

Der Dichter befreit seine Zeitgenossen aus dem Elend der Bürgerkriegsgewalt, aus dem harten Eisernen Zeitalter, durch seine Dichtung in ein Reich der Reinheit, Unschuld und des Segens, in die Utopie des Goldenen Zeitalters auf den seligen Inseln.

Vergil wiederholt 35 v. Chr. in *ecl.*7,25–28 die komparativische Figur „poeta" – „vates". Von da an ist *vates* Allgemeinbesitz augu-

---

[101] Vgl. z.B. Vergil, *Aen.* 3,712 f.: „nec *vates* Helenus, cum multa horrenda *moneret,*/ hos mihi *praedixit* luctus" und 358–361: „his *vatem* (sc. Helenum) adgredior dictis ac talia quaeso:/ 'Troiugena, *interpres divum*, qui *numina Phoebi,*/ qui *tripodas Clarii* et *laurus,* qui *sidera sentis* / et *volucrum linguas* et *praepetis omina pennae,*/ [. . .]'; *Aen.* 6,78 (mit 35 f. 42 ff. 77 ff.): die Sibylle von Cumae, Priesterin („sacerdos") des Phoebus und der Trivia (Hekate-Diana) als „vates" (vgl. v.82).

steischer Dichter und Losungswort. Man kann etwa nennen: Prop. 2,10,19 f., ein Recusationsgedicht von etwa 25 v. Chr: „vates tua (sc. Auguste) castra canendo / magnus ero"; Horaz, *c.* 2,6,24: „vatis amici" (Selbstbezeichnung im Schlußvers einer Ode vor 23 v. Chr.); Horaz, *c.* 1,1,35 f. (23 v. Chr.): „Quodsi me lyricis vatibus inseres (sc. tu, Maecenas)/ sublimi feriam sidera vertice"; Horaz, *c.* 4,6,44 (17 v. Chr.): „vatis Horati" (der letzte Vers eines Apollo-Hymnus bezeichnet den Dichter des *Carmen Saeculare* in einer Miniatur-σφραγίς); Ovid, *am.*1,1,6 (15 v. Chr./ 1 n. Chr.): „Pieridum vates, non tua (sc. Amor), turba sumus"; Ovid, *fast.* 3,714 (vor 8 n. Chr.): „Bacche, fave vati, dum tua festa cano!"

Als *vates* der Musen oder musisch inspirierender Götter ist der Dichter Musenpriester. Die Belebung der Musen und musischer Götter, insbes. Apollos und des Bacchus, aber auch Merkurs, hängt nämlich mit dem *vates*-Konzept zusammen und damit auch die Vorstellung der Musenpriesterschaft und musischen Theophilie. Zu vergleichen sind Texte wie Vergil, *georg.* 2,475 ff. (vor 29 v. Chr.):

Me vero primum dulces ante omnia Musae,
quarum sacra fero ingenti percussus amore,
accipiant caelique vias et sidera monstrent

Horaz, *c.* 3,1,2–4 (vor 23 v. Chr.):

carmina non prius
audita Musarum sacerdos
virginibus puerisque canto.

Horaz, *c.* 1,26,10–12 (vor 23 v. Chr.):

hunc (sc. Lamiam) fidibus novis,
hunc Lesbio sacrare plectro
teque (sc. Piplei dulcis) tuasque decet sorores.

Properz 3,1,3 f. (um 22 v. Chr.):

Primus ego ingredior puro de fonte sacerdos
Itala per Graios orgia ferre choros.

Es entsteht geradezu eine Religion musischer Götter, eine Musenreligion. Das ist schon in der Metapher der Musenpriesterschaft impliziert, aber das Stichwort 'Musenreligion' schließt auch den Musenanruf bzw., allgemeiner, das Gebet zu musischen Göttern um Hilfe und Inspiration ein und umfaßt zugleich auch die Erneuerung der Motive der Dichterweihe und Dichterberufung sowie eine die eigene geburtsmäßige Bestimmung zum Dichter und die dichterische Existenz deutende Theologie musischer Gottheiten. Belegtexte sind etwa Vergil, *ecl.* 6,3–5 (Cynthius-Apollo beruft den Hirtendichter), Prop. 3,3 (ein Recusationsgedicht: Berufung durch Phoebus und Quelltrunk), Horaz, *c.* 4,3 (um 15 v. Chr.): 'Wen die Muse Melpomene bei der Geburt mit freundlichem Blick ansah, der wird ruhmvoll bekannt werden durch äolisches Lied; die Muse könnte selbst stummen Fischen die Stimme des Schwans verleihen. Ich bin der Saitenspieler römischer Lyra („Romanae fidicen lyrae", v.23); daß ich atme und gefalle, ist dein Werk („quod spiro et placeo [. . .] tuum est", v.24); Hor., *c.* 4,6,29 f.: „spiritum Phoebus mihi, Phoebus artem / carminis nomenque dedit poetae".

Die Eigenart von Dichtungen, insbes. nicht-epischer und nicht-lyrischer Dichtung in Sondertraditionen oder mit prononciertem Neuheitsanspruch, spricht sich in der Wahl einer besonderen Inspirationsgottheit aus. So ruft Vergil in *ecl.* 10,1 („Extremum hunc, Arethusa, mihi concede laborem") eine syrakusanische Quellnymphe an, weil der Archeget der Gattung Bukolik, Theokrit, aus Syrakus stammt. An die Stelle einer musischen Gottheit der Tradition kann in der augusteischen Elegie die Geliebte treten; so heißt es bei Properz 2,1,3 f.: „non haec Calliope, non haec mihi cantat

Apollo,/ ingenium nobis ipsa puella facit". Die Stelle wiederum der göttlichen Geliebten als Inspirationskraft beansprucht bei Ovid, *am.* 1,1 der Gott Amor selbst. Eigenart persönlichster Dichtung betonen Horazens lyrische Gebete zur Nymphe Bandusia, der Quelle seines sabinischen Landguts, und zum Weinkrug seines Geburtsjahrgangs (*c.* 3,13 und 21).

Der Dichter erscheint als Freund der Musen und musischer Götter. Zur Musenfreundschaft ist insbes. Horaz, *c.* 1,26, „Musis amicus", zu vergleichen. Die Erhaltung des Lebens und Errettung aus Gefahren deutet der Lyriker Horaz als Rettung durch Musen und musische Götter (Musae, Bacchus, Faunus, Merkur) um seiner lyrischen Dichtung willen[102].

Als Götterfreund und Gottesbegleiter ist der Dichter dem Alltagsleben, der Gemeinschaft der Menschen und ihren Lokalitäten enthoben. Das Motiv der Göttergemeinschaft und Trennung von den Menschen kann sich mit dem Anspruch der Erstheitstat verbinden: Dichten in der Einsamkeit, Vordringen auf unbekannten Wegen. Die folgenden Texte können hier als exemplarisch genannt werden: Vergil, *georg.* 2,175 („ingredior sanctos ausus recludere fontis"); Properz 3,1,3 („primus ego ingredior puro de fonte sacerdos / [. . .]"; Horaz, *c.* 1,1,29–32 („me doctarum hederae praemia frontium / dis miscent superis, me gelidum nemus / Nympharumque leves cum Satyris chori / secernunt populo"); Hor., *c.* 3,1,1–4 („Odi profanum volgus et arceo,/ favete linguis: carmina non prius / audita Musarum sacerdos / [. . .] canto"); Hor., *c.* 3,30,12–14 („ex humili potens / princeps Aeolium carmen ad Italos / deduxisse modos").

Der hohe Anspruch der Dichter und ihr ungeheures Selbstbewußtsein äußern sich schließlich im Bewußtsein und Anspruch der Dauer: Fortwähren und Wachsen des Ruhmes nach dem Tod, Ewigkeit der Dichtung mit Verewigung des Dichters und der in der

---

[102] Vgl. Schmidt (1982) [= Schmidt (2002) 190–212].

Dichtung Gefeierten, seiner Schöpfungen, seiner Erfindungen, seiner Erkenntnisse. Der Dichter erkennt die geistige Gestalt der Wirklichkeit und rettet sie so über die Zeit. All das gipfelt in der Selbstapotheose.

Die einzelnen Motive sind oft miteinander verbunden. Vgl. Properz 3,1,8–10:

> versus eat,
> quo me Fama levat terra sublimis, et a me
> nata coronatis Musa triumphat equis.

Vgl. v.19–24 (Paraphrase): 'Bekränzt mich, Quellnymphen des Helikon (= Musen). Nach meinem Tod wird mir Honos mit doppeltem Zins zurückgeben, was mir im Leben der Neid abzog. Nachleben und Alter („vetustas") vergrößern den Namen nach dem Tod.'

Prop.3,2,17 f.:

> fortunata, meo si qua est celebrata libello!
> carmina erunt formae tot monumenta tuae.

Horaz, *c.* 3,25,18:

> nil mortale loquar

Horaz, *c.* 3,30,1–6. 14–16:

> Exegi monumentum aere perennius
> regalique situ pyramidum altius
> quod non imber edax, non aquilo impotens
> possit diruere aut innumerabilis
> annorum series et fuga temporum.
> non omnis moriar.

> sume superbiam
> quaesitam meritis et mihi Delphica
> lauro cinge volens Melpomene comam.

Hor., *c.* 4,8,28 f.:

> dignum laude virum Musa vetat mori.
> caelo Musa beat.

Hor., *c.* 4,9,1–4:

> Ne forte credas interitura quae
> [. . .]
> non ante volgatas per artis
> verba loquor socianda chordis.

Ovid, *am.* 3,9: Tibull, der „vates" (v.5) der „Elegia" (v.3) ist tot (nach 19 v. Chr.):

> at sacri vates et divum cura vocamur,
>   sunt etiam qui nos numen habere putent (v.17 f.)

> durat opus vatum (v.29)

> sic Nemesis longum, sic Delia nomen habebunt (v.31)

Ovid, *am.* 3,15, das Schlußgedicht der *Amores*:

> Mantua Vergilio gaudet, Verona Catullo,
>   Paelignae dicar gloria gentis ego (v.7 f.)

'Sulmo wird durch mich berühmt werden, weil es „tantum [. . .] poetam" hervorgebracht hat (v.11–14). Der letzte Vers des Gedichts, des Buches und der ganzen *Amores*-Ausgabe lautet:

> post mea mansurum fata superstes opus (v.20).

Schließlich krönt Ovid seine *Metamorphosen* in einer Sphragis, die, im Anschluß an Horaz, *c.* 2,20 und 3,30, die eigene Metamorphose behauptet und verkündet (Ov., *met.* 15,871–879):

> Iamque opus exegi, quod nec Iovis ira nec ignis
> nec poterit ferrum nec edax abolere vetustas.
> cum volet, illa dies, quae nil nisi corporis huius
> ius habet, incerti spatium mihi finiat aevi:
> parte tamen meliore mei super alta perennis
> astra ferar, nomenque erit indelebile nostrum,
> quaque patet domitis Romana potentia terris
> ore legar populi, perque omnia saecula fama,
> siquid habent veri vatum praesagia, vivam.

Historisch-genetisch ist das hohe Selbstbewußtsein der auguste-ischen Dichter die Verschmelzung bzw. Superimposition und Addi-tion des alexandrinisch-neoterischen Artisten- und Macherbewußt-seins sowie ihrer Entdeckung des Poetischen als einer eigenen Sphä-re, der spätrepublikanischen auf geistige Tätigkeiten übertrage-nen *virtus*- und Leistungsvorstellung und des frühgriechischen Ver-ständnisses des Dichters als Bürgers und Führers, wobei die Sakra-lisierung und Selbstdivinisierung angesichts der neu beanspruchten Würde des Geistigen in der hellenistischen und augusteischen Hei-lands- und Gottesvorstellung des politischen Wohltäters ihr Analo-gon findet. Bezog der neoterische Dichter sein Selbstbewußtsein aus seiner Herauslösung aus der politischen Welt, so stellt sich der augusteische Dichter ihr gegenüber. Er vereint Cicero und Catull, Lukrez und Sallust.

(b) Diversifikation und Prozeß (I)

Das in all diesen Motiven als ein einheitliches System vorgestellte
Dichtungskonzept der Augusteer (Vergil, Horaz, Properz, Ovid) ist
jedoch nicht statisch-einheitlich, sondern stellt sich zugleich als ein
Prozeß dar, der aus spätrepublikanischem Bewußtsein geistiger
virtus herauswächst und bis zu frühkaiserzeitlichem Erwähltenstatus
führt, also von der Steigerung bürgerlicher Existenz zur Sonderexi-
stenz, im Kontext des Übergangs von ständischer Pyramide gemäß
virtus-Graden zur horizontalen Gliederung gemäß Funktionen und
Berufen. Überspitzt: Der Dichter ist in der Spätphase nicht mehr
groß, größer als die anderen, sondern er wird ein (Ab-)Sonderling.
Er ist nicht mehr Führer und Gestalter, sondern Wissender und
Deuter. Auch setzt die Musenreligion nicht schlagartig zu Beginn
der Epoche ein. Sie entwickelt sich innerhalb der vergilischen Bukolik, fehlt gänzlich in Horazens *Epoden* und äußert sich, ganz
zurückhaltend, innerhalb der *Satiren* erst in einem der spätesten
Stücke, der *Satire* 2,6[103].

Vor der Nachzeichnung dieses Prozesses ist aber auf einen Befund in der vorangegangenen Dokumentation der Dichteridee in der
augusteischen Dichtung einzugehen, das Fehlen von Tibull. Ist
Tibull also anders, in welcher Weise ist er anders? „Tibull tritt nie
aus der literarischen Fiktion mit seiner Person hervor und äußert sich
kaum über sein Dichtertum"[104]. Er unterscheidet sich demnach von
den Zeitgenossen darin, daß es bei ihm keine eigentlich poetologi-
schen Gedichte oder Passagen gibt. Das Dichten wird in der Fiktion
seiner Liebesdichtung der Liebe untergeordnet, aber eben in dieser

---

[103] Zur Entwicklung innerhalb der horazischen Dichtung vgl. insbes. Schmidt (1982) und
    (1985b).
[104] von Albrecht (1994) 601.

Funktionalisierung in der Liebeswerbung begegnet es doch gelegentlich. Vgl. Tibull 2,4,13–20:

> nec prosunt elegi nec carminis auctor Apollo:
>   illa cava pretium flagitat usque manu.
> ite procul, Musae, si non prodestis amanti:
>   non ego vos, ut sint bella canenda, colo,
> nec refero Solisque vias et qualis, ubi orbem
>   complevit, versis Luna recurrit equis.
> ad dominam faciles aditus per carmina quaero:
>   ite procul, Musae, si nihil ista valent.

Vgl. 1,5,67:

> heu canimus frustra

Diese Äußerungen ergeben nur dann Sinn, wenn Dichten als etwas Hohes und Bedeutendes angesehen, wenn Dichtung als die kostbarste Gabe eines Liebenden betrachtet wird. Nur dann zeigt sich die Härte und Grausamkeit der umworbenen Geliebten. Inspiration geben auch dem elegischen Dichter Tibull Apollo und die Musen, die gleichen Musen, die dem Epiker sein Thema „bella" eingeben und dem naturphilosophischen Lehrdichter ('Sonne und Mond') wie Arat oder Lukrez beistehen.

Tibull, zu dessen hoher Dichtungsauffassung im folgenden noch eine Illustration gegeben werden wird, steht also nicht gänzlich abseits. Seine Zurückhaltung erklärt sich einerseits aus dem gleichen Kunstwillen, der seinen Stil als den des Caesar der Poesie unter den Augusteern prägt – dem begrenzten Vokabelschatz, der Einheitlichkeit und Reinheit der Sprache, der Normierung des Pentameters –, dem Willen nämlich, die Vorstellungen zu begrenzen, ein einheitliches, reines Gesamtbild zu geben, eine geschlossene Welt der Fiktion zu schaffen. Andererseits ist dieses Streben wohl auch durch die gleichzeitige bzw. immer etwas frühere Elegiendichtung des Properz im Sinn eines Kontrastprogramms stimuliert.

In anderer Weise stehen außerhalb der von der augusteischen Dichteridee geprägten Dichtungen die *Jamben*, *Satiren* und *Episteln* des Horaz. Alle drei Corpora sind keine Musendichtung. Das liegt bei den *Satiren* und *Episteln* daran, daß ihr Dichter sie ausdrücklich und programmatisch als „sermones", Gespräche in Alltagsrede, versteht und für sich qua ihren Verfasser entschieden den Ehrentitel *poeta* abwehrt (*sat.* 1,4,39–63). Auch von daher also tritt noch einmal, per viam negationis, der hohe Anspruch von Poesie als Musenkunst hervor.

Die *Jamben* lassen zwar den hohen Dichteranspruch des *vates* erkennen *(epod.* 16,66), aber es gibt keine Musen oder musischen Götter in ihnen. Vielmehr kommt die Inspiration aus der moralischen Empörung, aus der Verletzung des Gerechtigkeitssinns, aus Solidarität mit den Opfern von Unrecht, aus Verantwortung und *virtus* und damit aus einer Kraft des Geistes, die dem Anspruch Sallusts in den gleichzeitigen bzw. wenig früheren Proömien seiner Monographien nahesteht. Sofern diese Kraft göttlich vorgestellt wird, heißt sie in den *Jamben* nicht Apollo oder Bacchus, nicht Calliope oder Melpomene, sondern Jupiter oder Gott (*epod.* 16,63 f.; 10,18; 14,6 ff.)[105].

Umgekehrt stellt den Höhepunkt der augusteischen Dichtungsreligion – göttlicher Ursprung der Dichtung, Sakralisierung und Ewigkeit von Dichter, Dichten, Dichtung – eine späte Ode des Horaz dar, mit Vorstufen gerade bei Tibull und bei Horaz selbst und mit einem Echo in Ovids spätester Dichtung: Dichtung erhält wie die Gestalt des Dichters religiöse Weihe, wird der Religion angeglichen, ja, Religion wird als Dichtung verstanden, die Dichter sind Religionsstifter, Schöpfer der Götter. Die Dichtungsreligion wird also

---

[105] Vgl. Schmidt (1990a) 131–175.

durch Religionsdichtung ergänzt, bzw., anders gesagt, die Sakralisierung der Dichtung findet ihre Entsprechung in der Poetisierung
der Religion. Nicht nur die Mythen, sondern auch die Götter sind das
Werk der Dichter.

Die Horazphilologie sperrt sich gegen die Anerkennung dieser
horazischen Einsicht, die jedoch nur wiederholt, was Herodot (2,53)
in bezug auf Homer und Hesiod ausgesprochen hat und was man im
allgemeinen zustimmend aufnimmt: 'Hesiod und Homer machten
den Griechen ihre Götterentstehung' (οἱ ποιήσαντες θεογονίαν
Ἕλλησιν). In der Tat kann man auf die Frage, wer denn sonst als
wissende, deutende, kreative Menschen die Götter gemacht haben
soll, wohl kaum anders antworten. Die Götter existieren nicht in der
Weise wie ein Stein oder ein Baum, sondern als geistige Gestalten
zum Verständnis der Welt und der Menschen; deshalb müssen sie
geistig sein und werden als solche geistig wahrgenommen und
erkannt. Was aber ist geistiges Wahrnehmen und Erkennen anderes
als Gestalten und Schaffen? Das Auffällige an Herodots Äußerung
und an Tibull und Horaz ist nur, daß diese Mythen- und Götterschöp-
fung Dichtern zugeschrieben wird, nicht Weisen, Propheten, Gesetz-
gebern. Indem sie Mythen- und Religionsbegründer Dichter nennen,
steigern sie noch einmal das hohe Bewußtsein von Würde und Kraft
der Dichter und der Götter.

Im Blick auf Tibull sprechen Philologen hier von Verewigungsto-
pik und stellen fest: „Tibull scheint der erste zu sein, der in der
römischen Liebeselegie den Verewigungstopos verwendet"[106], können sich aber nicht entscheiden, ob hier gemeint sei, Dichtung
verschaffe dem Wirklichen Dauer, oder: 'Dichter lügen, und Dich-
terlügen halten sich'[107].

---

[106] von Albrecht (1994) 601.
[107] Stroh (1971) 114 f.

Hier Tibulls Textpassage (1,4,61–66):

Pieridas, pueri, doctos et amate poetas,
  aurea nec superent munera Pieridas.
carmine purpurea est Nisi coma: carmina ni sint,
  ex umero Pelopis non nituisset ebur.
quem referunt Musae, vivet, dum robora tellus,
  dum caelum stellas, dum vehet amnis aquas.

Die genannte Alternative besteht nicht bzw. allenfalls graduell:
Wenn Dichter selbst 'Unglaubliches' – und d.h. etwas, das es in der
sog. Realität nicht gegeben hat oder gibt - erfinden[108] und es durch
ihre Dichtung als Mythos wirklich und dauernd machen können, so
sind sie erst recht in der Lage, etwa die Schönheit der Geliebten zu
verewigen. Aber diese Schönheit, das, was da verewigt wird, ist auch
nicht schlechthin gegeben wie ein Blatt oder wie ein Regentropfen.
Sie muß gesehen und gefühlt, sie muß so in Worte gefaßt und damit
geistig verwirklicht werden, daß, solange Menschen Latein können,
sie diese Schönheit empfinden und ihnen diese Schönheit eine
Wirklichkeit ist.

Horaz spricht in *c.* 4,9 davon, daß die griechischen Dichter die
Figuren ihrer Dichtung – oder Sappho ihre Liebe (v.10: „spirat adhuc
amor") – verewigt haben, daß der Schein, vor Agamemnon habe es
keine Helden gegeben, nur darauf zurückzuführen ist, daß sie keinen
Homer fanden: „carent quia vate sacro" (*c.* 4,9,28), d.h. sie blieben
ohne heiligen Künder, d.h. ohne einen Künder, der sie in seiner
Dichtung heiligte („sacrare", *c.* 1,26,11), 'konsekrierte' (*c.* 4,8,27:
„consecrat") und verewigte.

---

[108] Nicht, wie Stroh (1971) 115 sagt, „dem Unglaublichen ein dauerndes Andenken zu geben"
vermögen – als wenn die Dichter etwas Reales für das erinnernde Andenken aufbewahr-
ten.

Die Helle der poetischen Einsicht Horazens in das Wesen von Geisteskraft in Dichtung und Religion leuchtet aus *c.* 4,8 hervor[109]. Die Ode, deren sich eine Gesamtinterpretation des vierten Buches zumal annehmen müßte, das in seine Mitte gestellte Widmungs- und Sphragisgedicht, ist kein Preis des Censorin, sondern – „carmina possumus / donare" (11 f.) – das Gedicht, in dem der Dichter dem Quindecimvir des Jahres 17 v. Chr. und Mitverantwortlichen für die Säkularfeier Lucius Marcius Censorinus sein Odenbuch, sofern es Preisgedichte auf Augustus enthält, die ihn vergotten, widmet und zugleich eben die Kraft seiner Dichtung, solches zu leisten, aus-spricht, wieder wie bei Tibull ohne sachliche Unterscheidung von bewahrender Erinnerung und Schaffung durch die Dichtung: Es sei den Dichtern zu verdanken, daß Hercules am olympischen Mahl Jupiters teilnehme, daß die Dioskuren Schiffern in Seenot helfen, daß Liber Gebete erfülle (v.29–34). Der Katalog der Helden von v.22–34 ist der gleiche wie in *c.* 3,3,9–16 (dort um Augustus auf dem Olymp gestellt), nur um Aeacus erweitert, womit die aus dem Buch schon bekannten *virtus*- und Heilandsarchetypen für Augustus um eine Symbolfigur für Gerechtigkeit und Rechtssicherheit (vgl. *c.* 4,5, 17 ff.; *c.* 4,15,9 ff.) ergänzt werden.

Wenn man zu dem horazischen Satz 'die Dichtung macht den Helden zum Gott' gemeint hat, das könne „nur in scherzendem Übermut" gesagt sein, weil der Lyriker nicht „die Grundlagen der poetischen Welt seiner Oden so desillusionieren" konnte[110], muß man nicht allein zurückfragen, wie niedrig der Kritiker von Dichtung denkt, wenn er die von ihr geschaffene Wirklichkeit ein 'Nur' gegenüber anderer Realität nennt – Ezra Pound beanspruchte für ein Gedicht, daß es nicht ein Werk „of second intensity" sei[111] – ,

---

[109] Vgl. Schmidt (1988) 504 f.

[110] Syndikus II (1973) 374.

[111] Zitiert nach Herrig – Meller – Sühnel (edd.), British and American Classical Poems, Braunschweig 1966, 111.

sondern auch, was für eine Art von Realität die Aufnahme des Herakles in die olympische Tafelrunde denn sonst sei. Wer sich dagegen einmal auf die horazische Dichtung auch als Neugieriger, als Lernender einstellt, könnte wahrnehmen, daß Horaz der Dichtung eine Fähigkeit zuspricht, wie sie auch in der Religion wirkt, *virtus* und Größe von Menschen in große Metaphern zu verwandeln und ihnen derart Ewigkeit und Kraft zu geben. Dichtung rettet das Geistige, das sich je in großen Menschen in die Zeitlichkeit fand, nach dem Tod dieser Menschen (*c.* 4,8,15) durch Aufhebung in das geistige Reich zu helfenden Kräften für die Lebenden.

Vorstufen bei Horaz selbst sind *c.* 3,13 und 3,25; aus augusteischer Zeit ist auch noch Vergil, *ecl.* 5,80: „damnabis tu quoque votis"[112] zu nennen. Das erwähnte Echo bei Ovid steht in *epist. ex Ponto* 4,8, wo die Verewigungskraft der Dichtung (v.43–64) auch als ein 'sacrare' (v.64) bezeichnet wird und vor allem der Vers steht: „di quoque carminibus, si fas est dicere, fiunt" (v.55).

Die Entwicklungstendenz in den poetologischen Äußerungen der augusteischen Dichter läßt sich etwa so fassen. In vor- und frühaugusteischer Zeit ist der Dichteranspruch noch nicht eigentlich von dem des spätrepublikanischen Prosaautors verschieden. Es ist der Anspruch der *virtus* und Kraft des Geistes, und in solchem Anspruch stellt sich der Dichter wie Sallust neben den Feldherrn und Staatsmann. Er beansprucht moralische, gesellschaftliche und politische Wirkung in Analogie oder in Ergänzung zum eigentlichen politischen Handeln. Im Zuge der allmählichen Entpolitisierung der Öffentlichkeit im Zusammenhang der Konsolidierung des augusteischen Prinzipats wandelt sich das Selbstbewußtsein des Dichters. Er ist nun nicht mehr das große Individuum, das sich mit dem Staatsmann auf eine Stufe stellt, sondern, als Mensch, ein einfacher Bürger, ein Untertan, ein Privatmann[113]. Aber, so sehr er nur einer

---

[112] Vgl. Kießling-Heinze zu *c.* 4,8,34.

in der Schar der glücklichen Untertanen unter dem hohen Herrscher ist, so zeichnet ihn doch eine Sonderbegabung aus; er ist ein Auserwählter, ein Stimmbegabter. Dabei ist das Dichterbewußtsein sogar eher noch gesteigert. Aber Dichtersein ist jetzt eine Berufung und ein Beruf, eine Sonderstellung, während es vorher hoher Anspruch des Individuums und Leistung gewesen war.

Die Entwicklung der Dichteridee entspricht also der Differenz zwischen den Historikern Sallust und Livius. Für Sallust ist Geschichtsschreibung Ersatzhandlung für Politik, eine zu rechtfertigende Aktivität und in solcher Rechtfertigung als gleichrangig mit der Leistung des Feldherrn und Staatsmannes oder sogar als höherstehend erkannt. Livius, der nie ein öffentliches Amt bekleidet hat, ist von Anfang an Privatmann und von Anfang an Historiker. Historiker zu sein ist seine Berufung und sein Beruf, sein Sonderstatus im Leben[114].

Der frühaugusteische Dichter beansprucht, Führer zu sein: so besonders Horaz in seinem Epodenbuch; er gestaltet die politische und gesellschaftliche Wirklichkeit mit. Der spätaugusteische Dichter preist, verklärt, verewigt die großen Leistungen der Gegenwart.

---

[113] Daß während des augusteischen Prinzipats alle Bürger gegenüber dem einen Prinzeps zu *privati* werden, stimmt nur der Sache nach und läßt sich so insbes. für Horazens viertes Odenbuch nachweisen. Was den Sprachgebrauch betrifft, so ist die Gegenüberstellung *princeps – privati* erst für Tacitus und Plinius minor belegt. Vgl. dazu Schmidt (1985b) 137 [= Schmidt (2002) 295 f.]sowie generell für den Teil (b) von Kapitel 6 den ganzen Artikel [= Schmidt (2002) 286–296].

[114] Zur Verdeutlichung: Pöschl, Viktor: Grundwerte römischer Staatsgesinnung in den Geschichtswerken des Sallust, Berlin 1940, 33 formuliert: „Geschichtsschreibung als Tätigkeit im otium war seit Cato dem Römer gestattet, als Lebensberuf hat sie Sallust als erster zu rechtfertigen gesucht." Diesem Satz ist mit der Einschränkung zuzustimmen, daß Sallust wohl zwar tatsächlich der erste war, der Geistestätigkeit gerechtfertigt und politischer Tätigkeit gleichgesetzt oder vorangestellt hat, daß aber die Pointe seines Anspruchs die Leistung, nicht der Lebensstatus ist.

(c) Diversifikation und Prozeß (II):
Der Freundesdialog zwischen Vergil und Horaz

Den Prozeßcharakter der augusteischen Dichtung auch im Blick auf
Dichterrolle und dichterischen Anspruch beleuchtet ebenfalls der
mit der vierten *Ekloge* einsetzende Dialog der Freunde Vergil und
Horaz, aus dem hier der Strang verfolgt werden soll, den Horazens
Antwort in *Epode* 16 auf das vergilische Gedicht begründet hat.

Der anbrechenden Verwirklichung des Goldenen Zeitalters in
ecl.4 stellt Horaz aufgrund der Erfahrung des nach dem Vertrag von
Brundisium neu ausbrechenden bzw. weiterhin virulenten Unfrie-
dens sein Urteil über die Zeit entgegen. Er verwandelt die Prophezeiung in Utopie. Dabei nimmt er der vergilischen Gegenwartsdeutung ihre drei konstitutiven Elemente und damit ihre Quintessenz,
nämlich:

1. Den Zeit- und Zukunftscharakter, die Geschichtlichkeit: Das
Goldene Zeitalter ist bei Horaz nicht mehr zukünftig, sondern eine
räumliche Kategorie, ein weltabgeschiedener Restbestand der früheren Goldenen Zeit.

2. Den Universalitätscharakter: Das Leben der Goldenen Zeit
umfaßt nicht das ganze Menschengeschlecht, eine neue Generation,
sondern allein die Guten unter den Römern.

3. Den Wirklichkeitscharakter: Die Goldene Zeit ist nicht begin-
nende oder zukünftige Wirklichkeit, sondern Poesie: Wirklichkeit
für den Dichter und die Frommen nur im Gedicht. Aus „te duce"
wird „vate me", aus der politisch-geschichtlichen Heilslandschaft
wird eine Heilslandschaft der Dichtung als symbolisch-utopischer
Ausdruck für die Würde, den Anspruch, den Lohn des Geistigen, wie
virtus, pietas, Dichten.

Auf diese Weise sind *ecl.* 4 und *epod.* 16 die Gründungsdoku-
mente der augusteischen Dichtungs- und Heilslandschaftendichtung
geworden. Auf der Folie dieser gegensätzlichen Grundmuster voll-

zieht sich der fruchtbare Dialog der beiden Dichter, deren Annäherung jeweils in Anleihen beim anderen und in der fortschreitenden Vergegenwärtigung des Zukünftigen und in Entutopisierung des Utopischen erfolgt, bis die Gegenwart politisch-geschichtlichen Heils und die Wirklichkeit des Geistigen sich in der symbolischen Koinzidenz geistiger und realer italischer Landschaft vereinigen.

Die Bedeutung der 16. *Epode* gerade im Hinblick auf den Anspruch des Dichters in den *Georgica* macht man sich nur dann angemessen klar, wenn man zweierlei berücksichtigt:

1. Bei durchaus vorhandenem Dichteranspruch ist die vergilische Bukolik, als Dichterlandschaft betrachtet, doch in ihrer Beschränkung auf den innerdichterischen Raum und damit im Fehlen der Gegenüberstellung mit der Wirklichkeit oder realer Landschaft nicht dichterische Heilslandschaft[115], wie insbesondere die Vergegenwärtigung von *ecl.* 2 plausibel machen kann. In dieser Hinsicht besteht zwischen der Bukolik und den *Georgica* Diskontinuität, die indessen eben durch *epod.* 16 überbrückt wird. Allein hinsichtlich der in den römischen *Eklogen* 9 und 1 entdeckten politischen Heilslandschaft, d.h. der Gewährung des Raums dichterischer Existenz durch die politische Macht im Symbol des *locus amoenus* oder italischer Segenslandschaft, schließen sich die *Georgica*, über *ecl.* 4, an die *Eklogen* an. Das macht die Sphragis der *Georgica* ganz deutlich. Das „me [. . .] dulcis alebat / Parthenope studiis florentem ignobilis oti" des *Georgica*dichtens hat seine Analogie in „Tityre, te patulae cecini sub tegmine fagi" des *Bucolica*dichtens. Das Zitat von *ecl.* 1,1 vindiziert durch Hineinstellen des „cecini" in die Klammer von „patulae [. . .] sub tegmine fagi" in Ersetzung von „recubans" das in der Bukolik einmalige Motiv des im Baumschatten zurückgelehnt musizierenden Hirten für den *Eklogen*dichter selbst und bezeichnet

---

[115] Vgl. dazu und zum Folgenden Schmidt (1983) Anhang 4 (32–36) [= Schmidt (2002) 170–174].

damit seine Dichterlandschaft als Geschenk des Caesar. Selbst von den *Georgica* aus erhebt Vergil für seine Bukolik dagegen nicht den Anspruch der Konstituierung einer Heilslandschaft der Dichtung, sondern vergegenwärtigt allenfalls noch das in *ecl.* 1 und 9 so schmerzliche Bewußtsein der Schwäche und Ohnmacht der Dichtung. 2. Der die *Georgica* bestimmende Anspruch des Dichters in der Form des wissenden Lehrers, Sühne- und Mysterienpriesters ist aus den *Eklogen* und Lukrez, d.h. dem *vates*-Konzept in *ecl.* 9 und 7, der Dichterrolle in *ecl.* 4 und der Überhöhung der traditionellen Lehrfunktion des Lehrgedichts im Anspruch des Heilswissens bei Lukrez, zwar allenfalls herzuleiten, hat aber seinen Vorgänger in Horazens 16. *Epode*. Denn der *vates*, der dort aus seinem Wissen um Jupiters Willen spricht[116], d.h., der, wie Pindar in Olympien 2 sagt, „den Weg des Zeus zu Kronos' Turm", nämlich/μακάρων νᾶσος, weiß[117] und sich an eine kleine Schar auserwählter Frommer wendet, unter verächtlicher Abweisung des „indocilis grex", der mit der Verfluchung der auf immer zu verlassenden Vergangenheit den καθαρμος seiner Gemeinde vollzieht, handelt nicht in der Rolle eines römischen Magistrats[118], der zu den Häfen der Seligkeit epikureischer ἀπονία[119] führt, sondern als Mysterienpriester und Hierophant, der denen, die „malis carere [. . .] laboribus" erstreben, der den Edlen zum mühelosen Leben verhilft – Pindar, Ol. 2,62f.: ἀπονέστερον / ἐσλοὶ δέκονται βίοτον –, zum εὐσεβῶν χῶρος,

---

[116] Vgl. Kiessling-Heinze zu v.66 „vate me": „des Dichters Wissen um Jupiters Willen".
[117] Pindar, *Ol.* 2,70f.
[118] So Fraenkel, Eduard : Horace, Oxford 1957, 42 ff.
[119] So Schmid, Wolfgang: Eine verkannte Konstruktion in der sechzehnten Epode des Horaz, Philol.102 (1958) 93–102; hier: 97 ff.

nämlich zur Seligkeit all derer, denen die von Mühsal lösenden Weihen zuteil werden – Pindar, fr.131a: ὄλβιοι δ' ἄπαντες αἴσᾳ λυσιπόνων τελετᾶν[120]. Verdeutlicht man sich so den dichterischen Anspruch in der 16. *Epode*, kann man sich das Ergebnis der Abhandlung Buchheits über den „Anspruch des Dichters in Vergils Georgika"[121], nun aber im Licht der Formel von der Vereinigung des „te duce" und des „vate me", zu eigen machen. Buchheits Interpretationen zentraler Passagen der *Georgica* laufen darauf hinaus, daß die Heilslandschaft einer in Italien wiederzugewinnenden *Saturnia tellus* und Goldenen Zeit das gemeinsame Werk des Herrschers und des Dichters sei.

Vergils *Georgica* sind hinsichtlich Dichteranspruch, Dichtungs- und Heilslandschaft für die horazische Lyrik der *Carmina*bücher I-III der Grundtext[122], und der *Georgica*dichter hat keinen produktiveren Leser gefunden als seinen Freund Horaz. Schon der Jambiker nahm, seine Gattungsrolle als moralischer Kritiker nutzend, Anlaß, die falsche Rezeption der Landbaudichtung ironisch zu verurteilen und als Richtschnur der Lektüre die Bereitschaft zu sittlicher Um-

---

[120] Diese Deutung der Rolle des Sprechers in *epod.* 16 mitsamt den Pindarparallelen zu v.16 und 63 ff. ist meines Wissens neu. Auch bei Setaioli, Aldo: Gli 'Epodi' di Orazio nella critica dal 1937 al 1972 (con un' appendice fino al 1978). In: Aufstieg und Niedergang der römischen Welt, Band II 31.3, Berlin-New York 1981, 1674–1788, Cavarzere, Alberto (ed.): Orazio, Il libro degli Epodi, Venedig 1992 oder Stroh (1992) kein Hinweis. – Weitere Details, die für diese Deutung sprechen bzw. sich von ihr her erklären lassen, sind: 1. Die Leid- und Mühelosigkeit ist bei Horaz stärker akzentuiert als sonst in Beschreibungen des Goldenen Zeitalters; 2. zu *epod.* 16,43: „tellus inarata" vgl. Pind.,*Ol.* 2,63: οὐ χθόνα ταράσσοντες; 3. die 'Metonymie' „Ceres" für Brotgetreide in *epod.* 16,43 erklärt sich vielleicht auch von der Mysterienanalogie; 4. die in Schilderungen der Goldenen Zeit singuläre Erwähnung des Weinstocks (*epod.* 16,44) wird neben Honig (v.47) und Milch (v.49f.) von der Verwandlung der Erde her, die Milch, Wein und Honig quellen läßt, in den dionysischen Weihen verständlich (vgl. Eur., *Bacch.* 142f.; Burkert, Walter: Griechische Religion der archaischen und klassischen Epoche, Stuttgart 1977, 435).

[121] Buchheit (1972).

[122] Wie auch Buchheit zu Recht betont.

kehr zu postulieren. Die im *Epoden*buch in ringförmiger Entsprechung zu *epod.* 16, der Auseinandersetzung mit Vergils Bukolik, an
die zweite Stelle gesetzte späte *Epode* „Beatus ille" kritisiert als
Resümee der *Georgica*[123] in fast centohafter *imitatio* des Landleben-
lobs von *Georg.* 2,458–540 („O fortunatos nimium") die Folgenlo-
sigkeit idyllisierender Landschwärmerei des Städters und stellt zugleich im Lob des Landlebens die sittliche Norm für die Kritik an
der Stadt auf.

Irene Troxler-Keller behandelt in ihrem Buch „Die Dichterlandschaft des Horaz" (1964) die Odenbücher I–III unter den beiden
Titeln „Entrückung" (bzw. Dichterhain) und „Musischer Lebensbe-
reich". In Weiterführung[124] lassen sich die Dichterlandschaften der
früheren *Carmina*edition nach diesen drei Rubriken unterscheiden:
1. Heilige Inspirationslandschaft; 2. dem Dichter verwandte Landschaft; 3. vom Dichter verwandelte Landschaft. In allen drei Formen,
die sich allerdings nicht für jedes Gedicht voneinander trennen
lassen, sondern innerhalb eines Kontinuums Extrempositionen be-
zeichnen, ist der *Georgica*dichter dem Lyriker vorangegangen.

Zu 1.: Unter 'heiliger Inspirationslandschaft' sollen die von
Troxler-Keller „Dichterhain" oder „Entrückung" genannten Landschaften zusammengefaßt werden, derart, daß sowohl Muse und
Landschaft als auch die Einsamkeit des Dichters in göttlicher Landschaft hierher gehören. Die folgenden Gedichte oder Gedichtpassa-
gen sind dann zu nennen: der Schluß der ersten Ode, das Gedicht

---

[123] Zur Stellung von *epod.* 2 in Analogie zu *epod.* 16 und ihren analogen Beziehungen zu
Georgica und *Bucolica* vgl. Witte, Kurt: Horazens Verhältnis zu Vergil, Philolog. Wo-
chenschrift 43 (1923) Sp.1075–1082; hier: Sp.1078 f. mit Anm. 11 und Schmidt (1977)
[= Schmidt (2002) 60–76].
[124] Vgl. zum Folgenden Schmidt (1985b) [= Schmidt (2002) 286–296].

Musis amicus, Passagen aus der großen Musenode, die Bacchusoden[125].

Zu 2.: Dem Dichter verwandte italische Landschaft, Landschaft als Entsprechung der dichterischen Existenz und Kraft, sehe ich in diesen Oden: dem Tiburgedicht, der Freundschaftsode im Herzen des Zyklus von Buch II, der 6. Strophe des Musengedichts, also der 4. Römerode, der Zwiesprache mit der Quelle Bandusia[126].

Zu 3.: Der Gesang des Dichters verwandelt die Landschaft in „Velox amoenum saepe Lucretilem" und „Integer vitae"[127].

Nirgendwo jedoch ist bei Horaz in den *Oden*büchern I–III das italische Land selbst, in seiner Fruchtbarkeit, geschichtlichen Größe, als Raum von Göttern, wie in den *Georgica* auch selbst Inspirationskraft und der Dichtung vorgegebene Heilslandschaft. Der Vergleich mit *Georgica*passagen, die z.T. geradezu Modelle darstellen, wie *georg.* 2,136–176 (*laudes Italiae*); 2,315–345 (*laus veris*); 2,458–540, bes. v.493–498 (Lob des Landlebens); 4,116–148 (*Corycius senex*), macht dies deutlich. Immer ist es bei Horaz die Kraft des Dichters, die Kraft des Musischen, die ihr Symbol findet. Der Dichter ist entweder ein von den Menschen getrenntes Wesen unmittelbarer göttlicher Gemeinschaft, oder er verwandelt und erhöht seine Welt, oder er entdeckt Räume, die seiner dichterischen Existenz adäquat sind. Nur in diesem letzten Typ kommt der Lyriker

---

[125] *C.* 1,1,29–34; *c.* 1,26; *c.* 3,4,5–8 und 25; *c.* 2,19; *c.* 3,25. – Die Interpretation von *c.* 1,26 durch Lefèvre, Eckard: 'Musis amicus'. Über 'Poesie' und 'Realität' in der Horaz-Ode 1,26, AuA 29 (1983) 26–35 sieht in v.3–5 von Lamia gebannte Gefahren. Mir scheint, daß diese Gedichtdeutung an der Sinnfigur der Ode, wie sie sich in ihrer Struktur ausprägt, vorbeigeht und wohl auch anachronistisch ist. Die Ermöglichung des Dichtens durch die Tat des Politikers liegt erst im vierten *Oden*buch vor (vgl. den in Anm. 124 genannten Aufsatz). Vgl. unten S. 86 f. zur „Entwicklungslinie".

[126] *C.* 1,7; *c.* 2,6; *c.* 3,4,21–24; *c.* 3,13. Vgl. zu *c.* 3,13 Schmidt (1997) 114–118.

[127] *C.* 1,17 und *c.* 1,22. Vgl. Schmidt (1997) 95–99.

dem *Georgica*dichter nahe, insofern die unabhängig von der Dichtung gegebenen Landschaften zwar nicht Inspirationskräfte, aber doch Heilslandschaften sind. So wird man etwa Tibur in *c.* 1,7 oder auch Tarent in *c.* 2,6 kaum vom Garten des korykischen Greises abheben können.

Die Unabhängigkeit und Absonderung des Dichters, seine geistige und im menschlichen Bereich unableitbare Kraft wird gegenüber den *Georgica* besonders evident in der Gegenüberstellung von *c.* 1,26 und *c.* 1,17 mit *georg.* 2,493 ff. sowie in der Einführung des Bacchus als Dichtergottes in die römische Dichtung. Diese Funktion lassen die *Georgica* fast ganz vermissen; im zweiten *Georgica*buch, dem Bacchusgesang, ist gerade die Zurückhaltung gegenüber allem Dionysischen auffallend, und dionysischer Charakter des Dichtens wäre die denkbar unangemessenste Beschreibung sowohl des dichterischen Selbstverständnisses in den *Georgica* wie des Landbau-Gedichts selbst[128].

Die endgültige Annäherung an die Dichtungs- und Heilslandschaft der *Georgica* vollzieht Horaz erst in seinem späten vierten *Oden*buch. Dort ist die Dichterlandschaft Tibur (*c.* 4,2 und 3) von vornherein und unabhängig vom Dichter dem dichterischen Dasein adäquat und stellt Voraussetzung und Raum seines Dichtens dar. Italien insgesamt ist Heilslandschaft geworden[129].

Pointiert vereinfacht sieht die Entwicklungslinie von den frühen zu den späten *Oden* so aus: „Musis amicus [. . .] unice / securus"

---

[128] Die Würdigung von *georg.* 2,486 ff.: „o ubi campi / Spercheosque et virginibus bacchata Lacaenis / Taygeta" bei Buchheit (1972) 69 f. als die in der jüngsten Diskussion übersehene „Erstlingstat Vergils", nämlich seine Einführung des Bacchus in die Dichterlandschaft, leuchtet nicht ein. Die Bedeutung des Bacchus in der horazischen Lyrik läßt sich von dieser Stelle her nicht verstehen oder auch nur ableiten. – Will man vergilische Vorstufen, so ist statt *georg.* 2,486ff. (oder zumindest daneben) auf die von Buchheit in diesem Zusammenhang übergangenen wichtigen Belege der dionysischen *hedera* als Dichtungssymbol in den späten *Eklogen* zu verweisen: *ecl.* 8,11–13 und *ecl.* 7,25.

[129] Vgl. bes. *c.* 4,5,17–40; *c.* 4,2,37–40; *c.* 4,15,4 f.

(*c.* 1,26,1–6) – „ego nec tumultum / nec mori per vim metuam tenente / Caesare terras" (*c.* 3,14,14–16) – „tua, Caesar, aetas"; „almae / progeniem Veneris canemus" (*c.* 4,15,4 und 31 f.).

Dieser Prozeß des späten Horaz zu Vergil hin läßt sich in zweifacher Weise beschreiben, einerseits als Einsicht Horazens in die geschichtliche Verwirklichung dessen, was Vergil deutend und hoffend vorausgesehen hat, andererseits aber als Einholung Horazens durch ein gleichsam kaiserzeitliches Bewußtsein[130], dem er sich lange verweigert hat und das in Vergil einen fast zu frühen Vorläufer hatte.

Die Übereinstimmung mit Vergil läßt sich nun auch daran ablesen, wie Horaz unter der Wirkung der *Aeneis* die Position der ersten *Oden*edition, in der er Vergil am nächsten gekommen war, neu formuliert. Das geschieht in der Umsetzung der großen Musenode (*c.* 3,4) in den Apollo-Hymnus des vierten *Carmina*buches (*c.* 4,6). In der vierten Römerode hatte der Dichter von der ihm innewohnenden musischen Kraft her auch das Friedensregiment des Herrschers zu verstehen gesucht. Er hatte weiter die Verteidigung von Jupiters Herrschaft und von Herrschaft überhaupt gegen feindselige Kräfte des Chaos, der Gewalt und des Frevels unter dem Begriff *consilium* (v.41 und 65) als verwandt mit der musischen Harmonie gedeutet.

Die Verwandtschaft von Musenwirken und Zeusherrschaft in Friedensregiment und Gigantenüberwindung als Verwandtschaft von Dichter und augusteischer Herrschaft in Friedensregiment und Krieg (wobei zumindest an den Krieg gegen Antonius und Kleopatra gedacht werden darf) transformiert sich in *c.* 4,6 in ihre Zusammengehörigkeit, die der eine Gott Phoebus als der Gott des Bogens und der Leier repräsentiert. Der augusteische Gott kann sich hier vor dem Hintergrund von *c.* 1,31, dem Gebet des Dichters zum palatinischen Apollo, insofern als verbindende Einheit von Dichter und Roms

---

[130] Vgl. Schmidt (1985b) [= Schmidt (2002) 286–296].

Schicksal, also auch augusteischer Herrschaft, darstellen, als er der
Gott des Säkularfestes und damit zugleich Begründer und Garant der
Existenz Roms und Inspiration des Dichters ist, der zu diesem
Säkularfest sein Lied dichtet. Zum Gott der Geschichte Roms konnte
Horaz den Gott machen, indem er den Aspekt des *vindex* am augusteischen Apollo[131] und das negative Achillbild in Catulls Peleu-
sepyllion[132] mit der trojanischen Urgeschichte Roms verband und
die Führerrolle Apollos gegenüber den Aeneaden über die *Aeneis*
und auch das *Carmen saeculare* (*c.s.* 33ff.) hinaus in eigener Erfin-
dung erweiterte: Das sonst nirgendwo belegte Mythologem: „ni tuis
(sc. Apollinis) flexus Venerisque gratae / vocibus divom pater ad-
nuisset / rebus Aeneae potiore ductos / alite muros" (*c*.4,6,21–24)
beteiligt Apollo am Götterwillen der Gründung Roms, so daß er
gerade in Fortführung seines Handelns vor Troja als *vindex* Mitbe-
gründer Roms geworden ist. Als Lehrer der Charitin Thalia, der
Göttin der Festfreude, und als Agyieus, Beschützer der Straßen und
Prozessionen, d.h. hier des öffentlich aufgeführten Säkularliedes, ist
er der Gott des Dichters des Säkulargesangs. Er ist der Gott des
Dichters, für die Musen oder statt ihrer stehend wie in der frühen
*Oden*edition *c*. 1,31 neben *c*. 2,16, aber der Gott des Dichters, so wie
dieser sich im vierten *Oden*buch sieht: „spiritum Phoebus mihi,
Phoebus artem / carminis nomenque dedit poetae" (*c*.4,6,29f.) entspricht dem dankbaren Bekenntnis von *c*. 4,3: „totum muneris hoc
tui est (sc. Pieri),/ quod monstror digito praetereuntium / Romanae
fidicen lyrae;/ quod spiro et placeo, si placeo, tuum est" (v.21–24).
Das aber bedeutet auch eine Zurücknahme des gleichsam republikanischen Persönlichkeitsethos und fordernden Dichterselbstbewußt-
seins der ersten *Oden*edition, das Ergebnis eines geschichtlichen

---

[131] Vgl. Prop. 2,31,13f. und 4,6,33–36.
[132] Vgl. u. Anm. 150. Die Verbindung geschieht über Pindars 6. Päan (fr.52 f. Snell: Apollon
tötet Achilles).

Prozesses, den der *Aeneis*dichter nicht mehr erlebte[133]. Um so größer erscheint das letzte Wort des Lyrikers Horaz, das eine Huldigung der *Aeneis* ist und sie nicht nur als den tiefsten Dank für die *Pax Augusta* versteht, sondern geradezu als deren Erfüllung, als den Sinn dieser *aetas*.[134].

[133] Vgl. o. S. 78 f.

[134] Vgl. Bridge, J.: Horace: The Beginning of the Silver Age. In: Classical and Mediaeval Studies in Honor of E.K. Rand, New York 1938, 21–32; hier 32: Die Schlußstrophe des letzten Gedichts im vierten *Oden*buch bedeute Horazens Urteil: „the greatest achievement of the age was the epic of his friend Virgil" (zitiert bei Duckworth, G.E.: Animae dimidium meae: Two Poets of Rome, TAPA 87 (1956), 281–316; hier: 316, Anm.111). Diesem Urteil zuzustimmen, ist auch heute noch möglich; vgl. Pöschl (1981), 725: Man „könnte [. . .] sagen, der Sinn der römischen Revolution und der augusteischen Erneuerung war Virgil".

7. Kapitel

Beginn mit Katastrophendiagnose und Heilshoffnung. Vom Konzept der Zeitenwende zu teleologischer Geschichtsdeutung (Geschichtstheologie)

Montesquieu hat die Einsicht ausgesprochen, die römische Republik sei an der Größe des Römischen Reiches zugrunde gegangen; die Ausdehnung des Herrschaftsgebietes und der Prozeß des Verfalls der republikanisch-aristokratischen Ordnung seien parallel erfolgt. Diese historische Einsicht gilt grundsätzlich auch noch heute. Sie geht auf ein antikes Geschichtsmodell zurück, welches die Auflösung römischer republikanischer Staats- und Gesellschaftsordnung moralisch beschreibt und begründet und für den Beginn des sog. Sittenverfalls ein Epochenjahr benennt[135].

Die Auflösung des *mos maiorum* wird mit zwei Faktoren in ursächlichen Zusammenhang gebracht, die beide Folgen der Weltherrschaft Roms sind: 1. mit dem aus den Eroberungen zumal im Osten vom Anfang des 2. Jhs. v. Chr. an nach Rom und Italien strömenden ungeheuren Reichtum und 2. mit dem Ende großer auswärtiger Eroberungskriege und damit dem Ende der Bewährung aristokratischer *virtus*.

Als das entscheidende Epochenjahr für die antike historische Betrachtung gilt 146 v. Chr., die Beendigung des Dritten Punischen

---

[135] Vgl. hierzu und zum Folgenden Bringmann (1977).

Krieges mit der Zerstörung Karthagos und der endgültigen Ausschaltung des Machtrivalen im westlichen Mittelmeer. Das ist der
Ansatz von Sallust wie schon in seinen historischen Monographien
so in seinen Historiae: „Postquam remoto metu Punico simultates
exercere vacuom fuit, plurumae turbae, seditiones et ad postremum
bella civilia orta sunt [...]" (fr.12 Maurenbrecher, vgl. ed. Reynolds,
p.157 sq.).

    Bringmann (1977) hat jedoch gezeigt, daß die Geschichtsschrei-
bung des 2. und 1. Jhs. v. Chr. von der Mitte des 2. Jhs. an – Griechen
wie Polybios und Poseidonios, Römer von Fabius Pictor an – zwar
durchweg von dem Dekadenzdenken bestimmt ist, daß sie aber
jeweils verschiedene Epochenjahre ansetzt, mit denen sie entscheidende Eroberungen und Reichtumsschübe, Fortfall des innenpoli-
tisch so heilsamen *metus hostilis* und den Ausbruch innerrömischen
Dissenses, von Unruhen, Machtkämpfen und Bürgerkriegen verbindet. So wird der Beginn der *luxuria* und des Sittenverfalls angesetzt
auf 201/197, auf das Ende des Zweiten Makedonischen Krieges,
gegen Philipp V; auf 188/187, das Ende des Krieges gegen Antiochos III; auf 168, das Ende des Dritten Makedonischen Krieges,
gegen Perseus, mit der Schlacht von Pydna (so Polybios)[136], auf 154
(so L. Calpurnius Piso); auf 146 (so C. Fannius, cos.122 v. Chr.);
auf 101, das Ende der Kimbernkriege (so Poseidonios); auf 63/60,
die Catilinarische Verschwörung (63 v. Chr.) und das Erste Trium-
virat als den Ursprung des Bürgerkriegs zwischen Caesar und Pompeius nach der Rückkehr des Lucullus und Pompeius aus dem Osten
mit riesigen Schätzen (74–62 v. Chr.): so Nikolaos von Damaskos,

---

[136] Bringmann (1977) 31: „Die Vorstellung einer römischen [...] 'Weltherrschaft' scheint
    überhaupt erst nach 168 v. Chr., nach Vernichtung der makedonischen Monarchie,
    aufgekommen zu sein. Sie besagte, daß Rom seit diesem Epochenjahr kein Gegengewicht
    innerhalb der Staatenwelt des antiken Kulturkreises mehr besaß und daß es somit in der
    Lage war, seinen politischen Willen überall in der 'Welt' durchzusetzen." Vgl. dort auch
    Anm.19.

ein genauer Zeitgenosse des Augustus, und Asinius Pollio sowie im Anschluß an Pollio auch Livius, im Anschluß an diesen Florus, Lukan und Petron.

Der Epochenansatz des C. Fannius, den Sallust übernimmt, setzt sich nach Bringmann eben dank Sallusts Rang als Historiker und Stilist durch und wird für die Kaiserzeit bis hin zu Augustin verbindlich[137]. Aber das Ansehen des Historikers Sallust ist kaum eine ausreichende Erklärung für die Rückdatierung und Entaktualisierung der Krise. Angesichts des Befundes, daß augusteische Autoren wie Nikolaos von Damaskos, Asinius Pollio, Livius und Horaz (vgl. u.) am späten Epochenjahr (60 v. Chr. als dem Jahr der Begründung des Ersten Triumvirats) festhalten und ihnen die Bürgerkriegsepen des Lucan und Petron folgen, während Sallusts Ansatz sich bei Autoren der frühen Kaiserzeit wiederfindet, ist zu erwägen, ob diese frühkaiserzeitlichen Autoren nicht eine in augusteischer Zeit Boden gewinnende Geschichtsbetrachtung widerspiegeln. Da Bringmann überzeugend Sallusts Zurückverlegung der Epochengrenze als Konsequenz von dessen Auffassung ansieht, daß „das 'Revolutionszeitalter' [. . .] die Geschichte eines Verfallsprozesses" sei, dessen auslösendes Ereignis also die „Rolle des epochalen Umschlags" erhalten mußte[138], legt sich die Vermutung nahe, daß die Begründung der Monarchie durch Caesars Adoptivsohn und die augusteische Prinzipatsideologie es notwendig oder jedenfalls wünschbar machten, das Epochenjahr des Dekadenzbeginns um ein Jahrhundert zurückzuschieben, um so die Bedeutung der Rettungstat des Caesar Augustus zu steigern, der ein ganzes Jahrhundert moralischer Auf-

---

[137] Vgl. Velleius Paterculus 2,1,1; Sen. maior, *fr.* 1 Peter (Peter, Hermann (ed.): Historicorum Romanorum Fragmenta, Leipzig 1883, p.292 sq.) = Winterbottom (1974) II 614: fr.1 (= Lactant., *Inst. Div.* 7,15,14); Plin. maior, *n.h.* 33,150; Tac., *hist.* 2,38; Florus 1,33,1; 34,19. Bringmann (1977) 28 formuliert: Sallusts „Ansehen" hat seinem „Epochenansatz auf 146 v. Chr. allgemeine Anerkennung verschafft".
[138] Bringmann (1977) 44.

lösung, von Revolutionen, Bürgerzwietracht, Machtkämpfen, Bürgerkriegen beendet hätte, und schließlich auf diese Weise im Rückgriff auf Rom vor der Mitte des 2. Jhs. v. Chr. auch ein relativ unanfechtbares Idealbild der Republik zu gewinnen. Daß der späte (von augusteischen Autoren vertretene) Epochenansatz auch Julius Caesar, den kultisch verehrten Divus Iulius, belastete und den Beginn der Katastrophe mit ihm verband, hat man allerdings offenbar nicht so empfunden.

Bei der Beantwortung der Frage, wann das späte Epochenjahr durch den Zeitpunkt der Zerstörung Karthagos abgelöst wurde, sich also Sallusts Geschichtsbild als mit der Prinzipatsideologie vereinbar und diese stützend durchsetzte, können vielleicht die augusteischen Dichter helfen.

In Vergils vierter *Ekloge* scheint 'scelus [...] nostrum' (vgl. v.13) zu implizieren, daß der Beginn der Krise und der Bürgerkriege in die jüngere Vergangenheit des Sprechers und der Adressaten gehört, wobei die 'prisca [...] fraus' (vgl. v.31) mit diesem Verbrechen nicht realiter, sondern symbolisch-aitiologisch identisch ist und die „Laomedonteae [...] periuria Troiae" (*georg.* 1,502) meint. Die 7. *Epode* des Horaz nennt oder impliziert als sinnvolle Kriegsziele im Gegensatz zur kriegerischen Selbstzerstörung die (erfolgte) Vernichtung Karthagos und die (in den Fünfziger Jahren nicht erfolgte oder gescheiterte) Eroberung Britanniens und Niederwerfung der Parther. Ein Argument für den früheren oder späteren Epochenansatz im Hintergrund ergibt sich aus diesem Text wohl nicht. Die 16. *Epode* dagegen nennt als Zeiten der Abwehrkraft Roms vor dem Beginn ihrer Selbstzerstörung noch den Marserkrieg (91–89), den Spartacusaufstand (73–71) und die Allobrogererhebung (61 v. Chr.), womit der spätere Epochenansatz impliziert sein könnte. Ent̂sprechendes gilt für das Finale des ersten *Georgica*buches Vergils und wohl auch für Horazens *Oden* 1,2, 1,12, 1,35 („nos dura [...] aetas") und 2,1. Die sechste Römerode jedoch scheint für die

„delicta maiorum" (v.1) und die 'Vernachlässigung der Götter' („di [. . .] neglecti", v.7) eine längere Vergangenheit anzusetzen, da die positiven Gegenbilder vom Pyrrhuskrieg (278–275) über die ersten beiden Punischen Kriege bis zum Sieg über Antiochos III (192–188) reichen, womit Epochenansätze im 2. Jh., neben 188 selbst also auch Sallusts 146, vereinbar wären. Auch Properz 2,15,45 f. („nec totiens propriis circum oppugnata triumphis / [. . .] Roma [. . .]") setzt den Beginn der Krise (Reichtum aus auswärtigen Kriegen und Machttrieb, der zu Bürgerkriegen führt) früher als Ende der Sechzigerjahre an. Gegenüber *Epode* 16 scheinen Marserkrieg und Spartacusaufstand in *c.* 3,14 (24 v. Chr.) ihre Funktion verändert zu haben und nun mit den von Caesar Augustus überwundenen 'tumultus' eine einheitliche Epoche zu bilden, womit jedenfalls der späte Epochenansatz für die Krise nicht zu vereinen wäre. In Vergils *Aeneis* führen sowohl die Heldenschau im 6. Buch als auch der Aeneasschild im 8. Buch eher auf den späten Epochenansatz (vgl. *Aen.* 6,828–835 und 836–846 und 8,666–670). Dieser nicht besonders deutliche Befund (das Geschichtsdenken der augusteischen Dichter folgt anderen Denkfiguren[139]) erlaubt aber wenigstens die Vermutung, daß sich der sallustische Ansatz erst relativ spät in augusteischer Zeit durchgesetzt zu haben scheint.

Unabhängig jedoch von der Setzung des Beginns der Dekadenzepoche beobachtet man in den knapp zwei Jahrzehnten nach Caesars und Ciceros Ermordung, bei Livius wohl auch noch darüber hinaus, einen Chor von Stimmen eines Katastrophenbewußtseins. Noch gleichzeitig mit Sallust sind zu nennen: Vergil, *ecl.* 1,71b/72a (Meliboeus), Horaz, *Epoden* 7 und 16 und Vergil, *georg.* 1,501–511 mit dem Tenor der Selbstzerstörung. Von der Mitte der Dreißigerjahre an sind dann diese Texte Zeugen: Verg., *georg.* 2,505.510–512, Prop. 1,22 und 2,15,41–46, Hor., *c.* 1,2,21–24, *c.* 1,35,33–38,

---

[139] Vgl. dazu u. S. 109 ff.

c. 2,1,1–5.29–36, *c.* 3,6,45–48, Livius, Praefatio 4 f. und 8–12. Das Dekadenzbewußtsein verschärft sich zur Katastrophendiagnose angesichts anhaltender Bürgerkriege. Horaz sieht die römische Geschichte unter dem Fluch des Brudermordes bei der Gründung der Stadt als in die Selbstzerstörung treibendes Verhängnis (*epod.* 7); Vergil folgt seiner Diagnose im Finale des ersten *Georgica*buches[140].

Wenn man sich nun dazu klarmacht, daß die Vorstellung der Ewigkeit Roms explizit schon zwei Jahrzehnte später vorliegt – in Tibulls *Elegie* 2,5,19–24 zur Aufnahme des Messalinus, Sohns seines Patrons M. Valerius Messalla in das Kollegium der Quindecimvirn, wohl zwischen 19 und 17 v. Chr. – und implizit nochmals fünf Jahre früher – in der *Ode* 3,30 des Horaz, verfaßt spätestens 23 v. Chr. –, dann ermißt man die Radikalität des Perspektivenwechsels und die Geschwindigkeit des Verwandlungsprozesses mitsamt der Dichte und Intensität des literarischen Dialogs.

Denn inmitten dieses vielstimmigen Zeugnisses von Dekadenzbewußtsein und Untergangsstimmung, tiefer Verzweiflung und geradezu der Überzeugung, das Gesetz der römischen Geschichte, ihr innerster Drang, treibe in die Selbstzerstörung, geschieht das Wunder: Heilserwartung, Hoffnung auf Rettung blüht auf, verbindet sich mit dem jungen Caesarerben und darf sich nach anderthalb Jahrzehnten immer neuer Verzweiflung und Ängste schließlich in der Beendigung der inneren Spannungen und in der *Pax Augusta* mit ihren Ordnungsleistungen bestätigt und erfüllt sehen.

Man kann den Anfang dieses Umschwungs datieren[141]: auf Ende Juli 44 v. Chr. Während der von Octavian veranstalteten *ludi victo-*

---

[140] Kuhn (1980) 18. 37. 52 beobachtet „die Einheit eines neuen pessimistischen Grundtons, eines Zweifelns, ja Verzweifelns am 'Heil'" im 13. Jh. und sieht darin ein Strukturelement oder geradezu „neues Struktur-Zentrum" dieser Literaturepoche, das in bestimmten Texten sogar „sozusagen systematisch [. . .] durchdiskutiert" wird.

[141] Vgl. Bringmann (1977) 48.

riae Caesaris (20.–30.7.44 v. Chr.) erschien um die elfte Stunde eines Tages ein Komet, der in sieben aufeinanderfolgenden Nächten am Nachthimmel sichtbar blieb. Das Volk sah in diesem Kometen die Seele Caesars und also das Zeichen seiner Vergottung. Diese Apotheose wurde am 1.1.42 dann vom Senat offiziell vollzogen. Octavian förderte diese Vorstellung, weil er damit zum Sohn eines Gottes wurde und Retterhoffnung auf seine Person und Politik ziehen konnte[142].

Es ist wichtig, sich zu vergegenwärtigen, daß die Retter- und Heilandsvorstellungen sich mit Octavian vor seinem endgültigen Sieg und vor seiner Alleinherrschaft zu verbinden begonnen hatten. Mit der Gewinnung und Befestigung des Weltfriedens und der Weltherrschaft konnten sich dann mit der Heilandsidee die des Friedefürsten und Weltherrschers noch zusätzlich vereinigen.

Das früheste dichterische Zeugnis einer mit dem Caesarkometen verbundenen Hoffnung und Heilserwartung ist Vergils neunte *Ekloge* (40 v. Chr.). Hier 'zitiert' der eine der beiden Dialogpartner aus einem offenbar als schon einige Zeit zurückliegend zu denkenden Lied des anderen Landmannes (v.46–50):

Daphni, quid antiquos signorum suspicis ortus?
ecce Dionaei processit Caesaris astrum,
astrum quo segetes gauderent frugibus et quo
duceret apricis in collibus uva colorem.
insere, Daphni, piros: carpent tua poma nepotes.

Die Segenshoffnung ist bäuerlich ausgedrückt und auf das Land bezogen: Das Juliusgestirn bewirkt Fruchtbarkeit und garantiert

---

[142] Vgl. vor allem: Plin., *n.h.* 2,93 f. mit wörtlichem Zitat aus einer Rede Octavians; vgl. dazu Malcovati, H. (ed.): Imperatoris Caesaris Augusti operum fragmenta, Turin 1969[5], fr. *VI; Suet., *Div. Iul.* 88; Cass. Dio 45,7,1.

Frieden, so daß es wieder sinnvoll wird, Obstbäume zu pfropfen und in die Zukunft, bis hin zu den Enkeln, zu planen[143].

Das Gegeneinander zwischen der Erfahrung der Ohnmacht der Dichtung im Kriegsgeschehen (*ecl.* 9,11–13: „sed carmina tantum / nostra valent, Lycida, tela inter Martia quantum / Chaonias dicunt aquila veniente columbas") und der Zukunftshoffnung aufgrund des Juliussterns transformiert sich in der zeitlich folgenden ersten *Ekloge* in das Gegeneinander des in die Fremde ziehenden und verstummenden Dichters (*ecl.* 1,77: „carmina nulla canam"), dessen Geschick, die Folge der „discordia" der Bürger (v.71 f.), die Hoffnung des in *ecl.* 9 zitierten Liedes Lügen straft (*ecl.* 1,73 nimmt bitter *ecl.* 9,50 auf), und des durch die Gnade eines jugendlichen Gottes in Rom für ein *otium* mit Gesang Geretteten (vgl. *ecl.* 1,1–5. 6–10. 40–45)[144].

Noch in das gleiche Jahr 40 v. Chr. wie die *Eklogen* 9 und 1 gehört die sog. messianische 4. *Ekloge*, die das erwartete Heil im Sinn einer Umkehr als Zeitenwende versteht.

Insbesondere dadurch, daß Horaz die Epochenbedeutung der vierten *Ekloge* sofort erkannte und mit zwei *Epoden* je eines ihrer beiden Grundmotive aufgriff, wurde diese Dichtung das Gründungsdokument der augusteischen Ära[145]. Von den beiden Denkbahnen, die Horaz mit seiner doppelten Antwort auf *ecl.* 4 konstituiert hat, der Deutung der römischen Geschichte im Anschluß an *ecl.* 4 und *epod.* 7 und dem Verhältnis des Dichters zu seiner Gegenwart im Symbol der Dichter- und Heilslandschaft in Fortführung von *ecl.* 4 und *epod.* 16, ist hier die mit *epod.* 7 eröffnete Denkbahn zu verfolgen.

---

[143] Die weiteren poetischen Belege für den Caesarkometen in augusteischer Zeit sind in chronologischer Folge: Hor., *c.* 1,12,46–48; Verg., *Aen.* 8,681; Ov., *met.* 15,840–851.

[144] Vgl. Schmidt (1987b) 129–138 und Schmidt (1998).

[145] Vgl. zum Folgenden Schmidt (1983) [= Schmidt (2002) 154–174], welche Position unter Berücksichtigung neuer Stimmen – vgl. insbes. Stroh (1992) und Galinsky (1996) – hier verdeutlicht ist.

Die Pointe der vierten *Ekloge* war nicht so sehr die im Sibyllen-
orakel vorgegebene und ein Novum[146] in der griechisch-römischen
Kultur darstellende Prophezeiung der Wiederkehr des Goldenen
Zeitalters gewesen, als vielmehr die Ansiedlung dieser Prophezeiung
in der römischen Gegenwart, d.h. die Diagnose der gegenwärtigen Erfüllung eines Sibyllenspruchs[147]. Vergil glaubte, Zeichen der
Zeit als Wirklichkeitspartikel geschichtlicher Hoffnung deuten zu
können. Sein Gedicht ist noch nicht eigentlich ein Entwurf der
römischen Geschichte, sondern symbolische Menschheitsgeschich-
te in moralistischer Zeitendeutung wie das große Modell, Catulls
Peleus-Epyllion[148]. Aber infolge des Urteils einer positiven Krise im
römischen Hier und Jetzt, d.h. der hic-et-nunc-Konkretisierung eines Zeitenmodells, ist die *Ekloge* auf dem Weg, Deutung gerade der
römischen Geschichte zu werden. Die ganz catullischen[149] Wendun-
gen „sceleris vestigia nostri" und „priscae vestigia fraudis" (v. 13
und 31) sind daher im Begriff, zu ihrem Allgemeinheitscharakter
moralistischer Epochenbildung und Begründung eiserner Gegenwart aus heroischer Schuld[150] spezifische Bedeutung als römischer
Bürgerkriegsfrevel in moralischer Geschichtskausalität hinzuzuge-
winnen.

Die vierte *Ekloge* wird daher auch infolge ihrer Aktualisierung
eines Zeitenmodells und des Ansatzes zur Vergeschichtlichung des
Parzenliedes aus Catulls *Peleus-Epyllion* zum Grundtext für die
poetische Geschichtsdeutung des augusteischen Zeitalters. Alle spä-

---

[146] Vgl. Gatz (1967) 90 mit Hinweis auf Register; 102; 135; H. Schwabl, Art. Weltalter, in:
RE Suppl. 15 (1978), Sp. 824.

[147] Vgl. Schmidt (1987b) 23.

[148] Zu *ecl.* 4 und Catull, *c.* 64 vgl. die nüchterne und umsichtige Studie von DuQuesnay
(1977) 34 f. mit Anm. 84–86 und 68–75 (frühere Literatur in Anm. 267, 271, 272).

[149] Vgl. *c.* 64,295.397 ff.

[150] Materialien für eine solche Deutung von Catull, *c.* 64 im Anschluß an neuere Arbeiten
bei Schmidt (1985a) Kap. 10.

tere augusteische Dichtung der Gegenwarts- und Geschichtsdeutung
ist Metamorphose der hier gegebenen Diagnose einer Zeitenwende.
Dabei muß man sich vergegenwärtigen, daß Horazens Bürgerkriegs-
epoden 7 und 16 später als *Ekloge* 4 sind und als Widerspruch auf
sie reagieren[151], so daß die spätere dichterische Arbeit an Katastrophe, Rettergott und Zeitenwende in Texten der beiden folgenden
Jahrzehnte von jenen drei Deutungsmodellen ausgeht. Vergils *Georgica* stehen in ihrer offenen Spannung, Horazens *Oden*bücher
I–III halten sie ebenfalls noch fest. Die Denkfigur der Zeitenwende
findet sich insbes. in: Verg., *georg.* 1,498–501; Hor., *c.* 1,2,29–52;
Verg., *Aen.* 1,286–296; 6,791–800; Prop. 4,6,37–44.

Horazens Widerspruch gegen Vergils Hoffnung in *epod.* 7 ist
keine Brüskierung[152] Vergils, sondern ihm geschichtlich gerecht
werdende und seine Freundschaft gewinnende Antwort. Horaz verwandelt entschieden den catullisch-vergilischen Weltaltermythos in
ein römisches Geschichtsbild, indem er ihn mit dem politisierten
Romulusbild des 1. Jhs. v. Chr. in der Ausprägung des politischen
Paradigmas bei Cicero, *De officiis*[153] verbindet. Der Bürgerkrieg der
Gegenwart ist als Wiederholung des Brudermordes an Remus ver-
hängte Sühne und neue Schuld und damit Hoffnungslosigkeit zugleich[154].

Horaz begründet in *epod.* 7 die augusteische Geschichtstheologie[155]. Der myth-historische Archetyp in seiner Kombination von
römischem politischem Paradigma und heroischem Mythos im moralistischen Kontext der Gegenwartsdeutung aus der Metallalterfol-
ge erklärt die Gegenwart nicht im Sinn allegorischer Identität, mo-

---

[151] Vgl. o. S. 54, Anm. 93.
[152] Formuliert im Anschluß an Büchner (1959), Sp.185: „wollte man hier nicht die Ekloge,
     sondern die Epode (sc. *epod.* 16) die Antwort sein lassen, so läge darin eine unerhörte
     Brüskierung großer römischer Wirklichkeiten".
[153] Cic., *off.* 3,10,40f.
[154] Vgl. die grundlegende Studie von Krämer (1965).
[155] Vgl. zur folgenden Skizze insbes. Buchheit (1963) 148 ff.

ralischer Exemplarität oder präfigurierter Wirklichkeit, sondern in dem geschichtsmächtiger Vorbildlichkeit, Fatalität und Verursachung[156].

Vergils Antwort[157] auf *epod.* 7 steht am Ende des ersten *Georgica*buches, eine Entgegnung, die das Grundmotiv übernimmt, es aber durch die erstmalige explizite[158] Einbeziehung der trojanischen Ursprungssage in die geschichtliche Deutung der jüngsten Gegenwart und durch die Anknüpfung an die erste *Ekloge*[159] verändert und entschärft. 'Wir haben mit unserem auf den Schlachtfeldern von Pharsalus und Philippi vergossenen Blut schon längst die Meineide des Laomedonteischen Troja gesühnt.'[160] „Die Meineide des Laomedonteischen Troja", ein Lakonismus, dessen gedrängten Gehalt

---

[156] Diese Einsicht verdanke ich ebenfalls Krämer (1965). Sie entspricht wohl dem, was Buchheit (1972) „teleologisch-typologisch" nennt (vgl. Sachregister s.v. „Vergil, Georgika: Geschichtsdeutung" (199) sowie andere frühere und spätere Arbeiten des gleichen Verfassers passim). Andererseits erscheint eine Betrachtungsweise wie die von Binder (1971), bes. 2 f., d.h. eine typologische mit Prototypen und Präfigurationen operierende *Aeneis*auslegung, von hier aus ergänzungsbedürftig.

[157] Ich zeichne im folgenden nicht so sehr die Geschichte der positiven Romulusdeutung bei Vergil und Horaz nach, in der die Identifikation von Romulus und Quirinus und die anderen Elemente der augusteischen Romulusideologie (das Paradigma des Stadtgründers, seine *virtus* und Vergöttlichung, der Garant des Heils der Stadt) ihre Gestaltung finden; dazu ist vor allem auf Koch, Carl: Roma aeterna, Gymn. 59 (1952) 128–143 und 196–209; hier: 203ff. und Krämer (1965) 362 ff. zu verweisen. Vielmehr verfolge ich das Motiv der Urschuld und der Deutung der römischen Geschichte als Sühne und fatale Schuldverstrickung und die endliche Überwindung, sei es der Urschuld, sei es der Gedankenfigur überhaupt. Dabei kommen natürlich aus der Reihe der Romulustexte (*epod.* 7,17ff. – *georg.* 1,498ff. – 2,532f. – 3,26f. – *c.* 1,2,46 – 1,12,33 – 2,15,10f. – 3,3,9ff. – *Aen.* 1,291ff. – 6,777ff. – 8,630ff. – *epist.* 2,1,5ff.) einige auch hier zur Sprache.

[158] Implizit schon in *ecl.* 4, wo v.31 „priscae vestigia fraudis" v.13 „sceleris vestigia nostri" aufnimmt und symbolisch-aitiologisch deutet: Der Bürgerkrieg und der Vertragsbruch Laomedons gehören zusammen.

[159] Georg.1,500f.: „hunc saltem everso iuvenem succurrere saeclo / ne prohibete" und *ecl.* 1,42: „hic illum vidi iuvenem" mit v.6ff. und 41.

[160] *Georg.* 1,501f. mit 489–492. Vgl. u. Anm. 162.

der Vergilleser Horaz in der dritten Römerode[161] entfaltet: Das ist
der Meineid und Rechtsbruch Laomedons[162] gegenüber den Göttern,
die ihm die Mauern der Stadt erbauten, ein Frevel im Zusammenhang
von Mauerbau und Stadtgründung (wie bei Horaz), der nun die
Schicksalskette von Sühne und Schuld, nämlich die Folge der
Rechtsbrüche dieses daher laomedonteisch genannten Troja und
dessen Leiden und Untergang, begründete: den sofort sich anschlie-
ßenden Eidbruch Laomedons gegenüber Herakles, den Gastrechts-
bruch des 'fatalen' Schönheitsrichters, den Vertragsbruch der Tro-
janer nach dem Zweikampf zwischen ihm und Menelaos.

Trojanische Urschuld als römische Urschuld bestimmt ge-
schichtsmächtig auch bei Vergil die jüngste Vergangenheit. Aber er
bricht die Schicksalskette von Sühne und Schuld ab; der Bürgerkrieg
als Leiden ist nur Sühne[163]. Damit wird nicht nur Octavian entlastet,
um als Retter betrachtet werden zu können, sondern die Möglichkeit
von Zukunft überhaupt gewonnen. Vergils Gebet als Postulat von
Zukunft ist, wenn nicht Hoffnung, so doch Hoffnung auf Hoffnung.

Horaz führt Vergils Antwort in seiner zweiten *Ode* weiter. Dessen dezente, aber entschiedene Zurückweisung seines Romulusmy-
thologems, im Ersatz durch Laomedon und in der Anrufung des
Gottes Romulus zwischen Indigetes und der Vesta Mater[164], hat

---

[161] Hor.,c. 3,3,21f. Hier berücksichtigt Horaz zum ersten Mal die trojanische Ursprungsle-
gende der Römer (danach erst wieder nach Vergils Tod und dem Vorliegen der *Aeneis*, im
Carmen saeculare und im vierten *Oden*buch).

[162] „Laomedonteae [. . .] periuria Troiae" (*georg.* 1,502) meint nicht „den Raub der Helena
durch Paris, der ein Bruch des Gastrechts war" (so Richter, Will (ed): Vergil, Georgica,
München 1957, z. St.), sondern eben den Betrug des Stadtgründers, wie außer Hor.,c.
3,3,21f. auch Verg.,*Aen.* 5,810f. bestätigt.

[163] Vergil geht in *georg.* I noch nicht so weit wie nach der *Aeneis* Horaz in *c.* 4,6,23f., wo er
Jupiter dem Aeneas „potiore ductos / alite muros" verheißen läßt. Indem der Versschluß
„sanguine nostro" in v.501 den von v.491 aufnimmt, betrachtet Vergil aber die Toten und
Wunden in den Bürgerkriegsschlachten von Pharsalus und Philippi nicht als neue (und
neu zu sühnende) Schuld.

[164] *Georg.* 1,498.

Horaz dort ebenso akzeptiert[165] wie die Retterrolle des jugendlichen Gottes Caesar. Aber er hält gegenüber Vergil an spezifisch römischer Urschuld[166] und am Frevelcharakter der Bürgerkriege fest und verbindet die erwartete Rettung eben mit diesem Frevel als dessen Sühne. Der Nerv der spezifisch römischen Theologie[167] des inneren Friedens, die Horaz in *c.* 1,2 entwickelt, ist in meinen Augen: 1. die zentrale Rolle des römischen Herrschergottes Jupiter als des strafenden, weisenden und Sühnung fordernden Gottes, in dessen Händen Roms Geschick ruht, 2. die Vermittlung von Urschuld und Gegenwartsfrevel im Prodigium, in dem offenbar das komplizierte Mythologem von Ilias Schuld und Strafe, Klage und Rache den geschichtsmächtigen Archetyp zu Julius Caesars Ermordung und dem zwar geschichtlich notwendigen, aber in seinem Unmaß Roms Existenz[168]

---

[165] *C.* 1,2,46: der vergöttlichte Romulus-Quirinus als verpflichtendes und Rom garantierendes Paradigma.

[166] Vergils Zurückschiebung der Urschuld auf Troja in *georg.* I kann sich Horaz, wohl auch unter dem Eindruck der entstehenden *Aeneis*, erst in seiner dritten Römerode zu eigen machen (Stellung der Juno in der römischen Geschichtstheologie, allerdings noch ohne Vergils positives Trojabild in der *Aeneis*). Dort geht er weit über das Finale des ersten *Georgica*buches hinaus, indem er ausdrücklich in der *virtus* des Marssohnes Romulus-Quirinus und seiner Vergöttlichung die Entsühnung der trojanischen Meineide sieht (vgl. Krämer [1965] Anm. 89). Auch damit gibt er die Vorstellung geschichtlicher Schuld in Roms Schicksal nicht auf, betrachtet diese aber als unrömische Gefährdung und Verfehlung von Roms geschichtlicher Sendung (Rom ist hier zur Idee geworden), indem Troja symbolisches Gegenbild zu Roms moralischem Auftrag und geschichtlichem Sinn und die römische *virtus* des Romulus Bedingung und Garant der Größe und Dauer Roms wird. Vgl. u. S. 105 f.

[167] Zu Horaz als produktivem römischen Theologen in *c.* 1,2 vgl. Schmidt (1982) 535–537 [= Schmidt (2002) 209–211].

[168] *C.* 1,2,13–16: „vidimus [...] Tiberim [...] / [...] violenter [...] / ire deiectum monumenta regis / templaque Vestae", d.h. die Unterpfänder Roms; dies geschieht (zwar nicht gegen den Willen, aber) unter Mißbilligung Jupiters: „Iove non probante" (v.19). Vgl. zu den *pignora* Groß, K.: Die Unterpfänder der römischen Herrschaft, Neue Dt. Forschungen Abt. Alte Gesch. 1, Berlin 1935, bes. 85 ff.; 108 f.; 117 ff. Wichtig im Hinblick auf *c.* 1,2 ist die Hervorhebung 86, daß die *pignora* Roms *salus* und *imperium* verbürgen.

bedrohenden Bürgerkrieg[169], der Rächung Caesars, bildet[170], und 3. der Zusammenhang von Bürgerkrieg und Sühnetat des inneren Friedens und auswärtigen Krieges in der Identität der beteiligten Menschen und göttlichen Kräfte, die als Voraussetzung notwendiger Verwandlung erscheint. Die Sühne wird eben den am Bürgerkrieg beteiligten und siegreichen Göttern aufgetragen: Apollo, dem Sieger von Actium, Venus, der Siegerin von Pharsalus, Mars, dem Sieger von Philippi, und Octavian, dem *Caesaris ultor*. Aber diese vier Götter müssen – das ist eben die Sühne der Römer für die im Bürgerkrieg erneuerte Urschuld – ihr Bürgerkriegswesen ablösen oder ergänzen: Apollo als Augur, Venus als Lächelnde, Mars als Schutzherr der Römer in äußeren Kriegen, der zu römischem Bürgerkrieg wesensmäßig unfähig ist, und in Synthese all dieser Friedenskräfte der Caesar, der die irdische Präsenz des Sohnes der *alma Maia* ist[171].

Die Nähe dieser *Ode* sowohl zum Finale des ersten *Georgica*buches als auch zur *Aeneis* ist unübersehbar. *Carmen* 1,2 ist bis zu einem gewissen Grade ein Gegenstück zur *Aeneis* in der Form des

---

[169] Wie das Prodigium der Überschwemmung Aktualisierung eines Ereignisses der römischen Urgeschichte ist, so ist auch der in dem Prodigium symbolisch präsente Bürgerkrieg Erneuerung jener Urschuld, die schon in Roms Ursprung steckt. Der Bürgerkrieg verwirklicht daher ein *fatum* und ist darin Sühne und Schuld zugleich. Die Erbsünde in Rom als geschichtlicher Idee bedroht in ihrer Aktualisierung in den Bürgerkriegen die Existenz Roms und damit die Idee selbst.

[170] Vgl. zur folgenden Deutung Commager (1962) 175 ff., mit dessen Interpretation ich weitgehend übereinstimme. Vgl. auch MacKay, L.A.: Horace, Augustus, and *Ode* 1,2, AJPh 83 (1962) 168–177 (c.1,2 Kritik an früherer Rolle Octavians als *Caesaris ultor*) und Womble, H.: Horace, *Carmina* 1,2, AJPh 91 (1970) 1–30, bes. 11 ff. und 20 ff. Wenn Womble, 20, sagt: „Jupiter's agent of deliverance can obviously not participate in the cycle of revenge from which he is himself to free the Romans, just as their participation in civil war prevented Apollo, Venus, and Mars from election to the role", stellt er allerdings das Gedicht auf den Kopf, weil er die Verwandlung der Bürgerkriegs- in Friedensgötter übersieht. Vgl. auch Jal, P.: Les Dieux et les guerres civiles, REL 40 (1962) 170–200; hier: 191.

[171] Vgl. vor allem Commager (1962) 187 f. und Schmidt (1983), Anhänge 1 und 2 (18–27) [= Schmidt (2002) 320–330].

Gebetes von *Georgica* I. Die entscheidende Weiterführung von *Georgica* I besteht in dem geradezu systematischen Zusammenhang von Ur- und Gegenwartsschuld einerseits, von Rettung und Sühne andererseits, sowie in der übergeordneten Rolle Jupiters im Geschick Roms und im Zusammenwirken der Götter. Das aber heißt, die in den *Georgica* noch nicht erreichte Vereinigung von Polytheismus mit Geschichte, mit Zusammenhang, Sinn und Ziel römischer Geschichte, also mit Monotheismus, ist hier gegeben.

Die Frage nach der Priorität in dieser Erschließung der römischen Geschichte ist, wie überhaupt angesichts des geistigen Austauschs zwischen Vergil und Horaz, so gerade zwischen den *Oden* der Bücher I–III und der gleichzeitig entstehenden *Aeneis* so unlösbar wie müßig. Bedenkt man das gänzliche Fehlen einer politischen, römisch-geschichtlichen Jupitertheologie in den *Georgica*, wird man Horaz die denkerische Leistung zusprechen. Betrachtet man aber, daß die Verwandlung des Plans einer *Augusteis* in ein Aeneasepos die Jupitertheologie schon allein als Verbindung des Jupiters der *Annalen* des Ennius mit der Theologie des Odysseedichters, die mit der Handlungsregie seines Epos durch Zeus identisch ist, geradezu voraussetzte, erhält Vergil die Priorität. Doch ist es wohl angemessener, auch in Theologie und Regie der *Aeneis* schon Horazens Mitwirkung anzuerkennen[172].

Die entschiedenste Antwort auf die siebente *Epode* steht daher in der Jupiterrede des ersten *Aeneis*buches. Sie formuliert das Grundmotiv der Horazode 1,2 neu: Die Rettung ist die Sühne als Verwandlung, nämlich im Anschluß an das Schuldmythologem von *epod.* 7: „aspera tum positis mitescent saecula bellis, / cana Fides et Vesta, Remo cum fratre Quirinus / iura dabunt"[173]. *Ecl.* 4 und *epod.* 7 haben

---

[172] Vgl. zu den beiden vorangegangenen Abschnitten Schmidt (1983), Anhang 3 (28–31) [= Schmidt (2002) 330–334].
[173] *Aen.* 1,291ff.

sich verbunden: Der neue Aion wird begründet in der Überwindung
der Bürgerkriege, d.h. der Verwandlung des Brudermordes in Ein-
tracht, Rechts- und Friedensordnung der versöhnten und gemeinsam
vergöttlichten Gründer Roms[174]. Die späteren Mythologeme lassen
die geschichtliche Urschuld schon mit Romulus oder mit Aeneas
sühnen und enden; mit Romulus Horaz im Zusammenhang der
Junotheologie der *Aeneis* in seiner dritten *Römerode*: die *virtus* und
Vergöttlichung des Romulus-Quirinus als Entsühnung der trojanischen Meineide; mit Aeneas Vergil in der Junorede des 12. *Aeneis-*
buches[175], unter Beziehung auf die dritte *Römerode*. Doch stellen
diese späteren Mythologeme keine Entlastung der römischen Geschichte und Aussparung der Bürgerkriege dar, sondern beziehen sie
gerade vermöge der geschichtstypologischen Grundfigur dieses mythischen Gestaltens mit ein.

Über die Geschichtstheologie der *Aeneis* geht Horaz, auch sein
eigenes Symbol Trojas als der moralisch-geistigen Gegenposition zu
Roms Sendung in der dritten *Römerode* hinter sich lassend, im
Carmen Saeculare und in *c.* 4,6 hinaus. Dort macht er den augusteischen palatinischen Apollo und Herrn der Säkularfeier in Ergänzung seiner Rolle in der *Aeneis*[176], zwar ohne Aufgabe der Jupitertheologie, aber doch ohne deren Neuakzentuierung, zum eigentlichen
Herrn der römischen Geschichte. Diese kennt nicht mehr Erbschuld,
Verhängnis und Sühne aller Römer, sondern nur noch Frevel auf der
einen Seite, während die andere im Schutz des rächenden Gottes

---

[174] Formuliert im Anschluß an Pöschl (1981) 716 mit Anm. 18: „die feindlichen Brüder
werden sich versöhnen, die Bürgerkriege werden zu Ende sein, der Brudermord, der die
römische Geschichte einleitet, wird gesühnt werden. [. . .] Dieses eindrucksvolle Symbol
für die Idee von der Überwindung des Vernichtenden, das sicherlich mit dem Gedanken
vom Beginn des neuen Aion, von dem die vierte Ekloge handelt, in Zusammenhang steht,
ist eine der großartigsten Schöpfungen Virgils, zugleich eine, die sich bei Mit- und
Nachwelt am wenigsten durchzusetzen vermochte". Vgl. auch Buchheit (1972) 83 f.

[175] Der Neuanfang soll latinisch-albanisch, römisch-italisch sein und auf italischer *virtus*
beruhen. Vgl. Krämer (1965), Anm. 89.

[176] Vgl. dazu o. S. 88.

steht. Das wäre als Theologem zur Überwindung der römischen Krise bedenklich. Es erscheint akzeptabel als Theorie der römischen Weltherrschaft und Friedensordnung – „tua, Caesar, aetas"[177] – und ist gerade das Zeichen des äußerlich und innerlich überwundenen Bürgerkriegs.

Die Erfahrung der Anfänge des augusteischen Friedens, d.h. Heilssicherheit im Horizont noch lebendiger Unheilserfahrung, transformiert das Deutungsmodell der Zeitenwende durch einen Rettergott in ein teleologisches Geschichtsbild, das in Augustus, der *Pax Augusta* und dem römischen Weltreich das Ziel der Geschichte sieht. Innerhalb dieser Geschichtsdeutung ist nun Augustus kein Gott mehr, sondern ein gottgesandter Mensch, der nach seinem Tod Gott werden wird. Diese Erklärung des Prozesses macht also verständlich, warum die Vorstellung des Gottes auf Erden am Anfang steht[178] und sich aus dieser erst die Apotheose des menschlichen Herrschers entwickelt und nicht umgekehrt[179]. Die hellenistische σωτήρ-Idee wird romanisiert und republikanisiert; Romulus und Aeneas werden zu Prototypen. Die teleologische Geschichtsauffassung, insbes. der *Aeneis*, dort in den prophetischen Durchblicken, dann bei Horaz, *c.* 3,3, *c.s.*, *c.* 4,2. 6. 15, Tib. 2,5; Prop. 4,6,37–44; Ovid, *met.* 15,431 ff., tritt uns insbes. unter dem Leitbegriff der *fata* entgegen.

Die *fata* werden neben *vates* zum zweiten Zentralkonzept der augusteischen Dichtung. Es verbinden sich *fata* und *vates*-Idee, so daß die Fäden der These von Kapitel 6 und 7 Kette und Einschlag der Textur der augusteischen Dichtung bilden. Sind schon in *Ekloge* 4 die 'fata' (v.47) mit prophetischem Wissen verbunden, noch nicht des Dichters, sondern der cumaeischen Sibylle und der Parzen, sind

---

[177] Hor.,*c.* 4,15,4.
[178] Verg., *ecl.* 1; *ecl.* 4; Hor., *c.* 1,2; Verg., *Georgica* I, Proömium und Finale; *Georgica* III, Proömium.
[179] Hor., *c.* 1,12; *c.* 3,3; *c.* 3,4; Verg., *Aeneis.*

in Horazens *Epoden* 7 und 16 die 'fata' ein Verhängniszusammen-
hang, der die Urgeschichte über die Geschichte mit der Gegenwart
verbindet, und erscheint der Dichter als Führer unter dem Anspruch
des *vates*, so wird nun der Dichter zum wissenden Deuter der in
Augustus ihr Ziel findenden römischen *fata*.

8. Kapitel

Aitiologie in Poesie und Geschichtsschreibung als Ausdrucksform teleologisch-geschichtlicher Gegenwartsdeutung und restaurativer Gegenwartsgestaltung. Aitiologie und Urgeschichtsfiktion als verwandte oder identische Formen poetischer Gegenwartsdeutung

Unter Aitiologie verstehe ich hier nicht rationale Ursachenerklärung im Sinn des naturphilosophischen Terminus, sondern eine Denkform, welche Phänomene in der Menschenwelt der Gegenwart, insbes. Kult- und Festbräuche, aber auch Sitten und Gebräuche generell, aus einer begründenden Geschichte der Vergangenheit zugleich erklärt und legitimiert. Aitiologisches Denken ist nicht in jeder Epoche gleich stark ausgeprägt. In der römischen Literatur beobachtet man eine auffällige Dichte aitiologischer Unternehmungen, die in der Zeit Caesars beginnt und noch in augusteischer Zeit wieder endet, nämlich Varros *Aetia* und viele andere Schriften dieses Gelehrten, Livius, *Ab urbe condita* 1–5, Vergils *Aeneis*, insbes. Buch 8 bzw. die Bücher 5–8, das mittlere Drittel, aber auch in den übrigen Büchern und als Gesamtkonzept überhaupt, Properz, *Elegienbuch* 4, Verrius Flaccus, Ovid, *Fasten* und *Metamorphosen*.

Man kann und muß zwischen antiquarisch-historischer und poetisch-mythologischer Aitiologie idealtypisch unterscheiden, was nicht ausschließt, daß die Grenzen zwischen ihnen fließend sind.

Wenn die Aitiologie Phänomene der eigenen gegenwärtigen Lebens-
welt als spezifisch im Sinn des eigenen Nationalcharakters versteht,
also ein ausgeprägtes Selbstbewußtsein der Besonderheit des eigenen Volkes verrät und wenn daher die zur Erklärung und Legitimie-
rung erzählten Geschichten nicht in einer zeit- und ortlosen mythischen Vergangenheit oder, wie bei Kallimachos, in einer bunten
Vergangenheitslandschaft aus Mythos, Geschichte und jüngster
Vergangenheit angesiedelt sind, sondern ausschließlich in der eigenen Ur- und Frühgeschichte, dann kann man die Aitiologie als eine
Variante von Geschichtsdenken und Geschichtsbewußtsein betrachten. Solches aitiologische Denken liegt einerseits im Alten Testa-
ment vor – das Volk Israel ist sich seiner Eigenart aus seiner
geschichtlichen Erfahrung mit seinem Gott Jahwe bewußt – und
andererseits bei den Römern – bei diesen letzteren aber nicht generell, sondern gerade und in ausgezeichneter Weise in der augusteischen Literatur. Das Thema 'aitiologisches Denken' ist also ein
Aspekt des augusteischen Geschichtsbewußtseins[180].

Aitiologisches Denken verbindet Urzeit und Gegenwart; die
geschichtliche Zwischenzeit bleibt schemenhaft. Eben dies gilt für
die Struktur mündlicher Geschichtstradition. Jan Vansina, Oral Tradition as History, London 1985, hat gezeigt, daß es für mündliche
Geschichtstradition nur zwei interessante Pole gibt, die Urgeschichte und die eigene Zeit, d.h. die Gegenwart unter Einschluß der
jüngeren Vergangenheit, d.h. der Zeit miterlebten Geschehens. Da-
zwischen liegt eine vage und variable Grauzone, das 'floating gap'.
Jürgen von Ungern-Sternberg hat dieses Modell in seinem Beitrag
zum Ersten Colloquium Rauricum, „Vergangenheit in mündlicher
Überlieferung" (Stuttgart 1988) unter dem Titel „Überlegungen zur
frühen römischen Überlieferung im Lichte der Oral-Tradition-For-
schung" für Rom aufgegriffen. Die Urgeschichte wird als Ur-

---

[180] Vgl. Kuhn (1980) 25: Die Artusepik „als geschichtsmythische Rückverbindung".

sprungsgeschichte verstanden, aus der die Gegenwart erklärt wird. Mit der Veränderung der Gegenwart ändert sich auch die Urgeschichte, d.h. die Gegenwart wird von einer Geschichte her verstanden, die ihrerseits erst die Projektion der Gegenwart ist.

Als implizite Denkform liegt diese Verstehensweise, jedoch ohne den Vergangenheits- und Herkunftsbezug, nach Snells Nachweis bereits dem homerischen Gleichnis zugrunde - und gilt, wie Snell hinzufügt, „überhaupt überall dort, wo der Mensch etwas 'versteht'"[181]. In geschichtlicher Form begegnet sie uns in der augusteischen Literatur zuerst in Horazens *Epode* 7. Mit der Ermordung des Remus durch Romulus bei der Gründung der Stadt, verstanden als Aition römischen Bruderkriegs, hat Horaz diese Denkform in die römische Literatur eingeführt und mit seinem Gedicht, d.h. mit dem urgeschichtlichen Aition, seinem spezifischen Thema und dessen Beurteilung, einen Grund- und Bezugstext für die ganze augusteische Literatur geschaffen[182]. Die Sage von Romulus und Remus verwandelt sich: Das die Gegenwart begründende und erklärende Aition verändert sich, weil die Gegenwart oder ihre Beurteilung und das Geschichtsbild sich verändern.

Für die Deutung der *Aeneis* ergibt sich aus dem Vorangegangenen: Die verschiedenen Interpretationsverfahren, die allegorische, die aitiologische und die typologische Deutung, sollten von dem Denkmodell mündlicher Geschichtstradition her verstanden und begründet werden, weil sich so ihre je spezifischen Anwendungs- und Legitimationsprobleme und die methodische Mißlichkeit der Kombination von Deutungsmustern verschiedenartigster Herkunft überwinden lassen. Das vorgeschlagene aitiologische Modell mündlicher Geschichtlichkeit als poetische Figur (in einer Zeit, deren

---

[181] Snell (1955) 268 f.
[182] Zur Bedeutung von *Epode* 7 und dem von ihr ausgehenden Prozeß vgl. Krämer (1965) und o. S. 98–108.

Geschichtsschreibung jene Tradition hinter sich gelassen hat) deckt auch die prophetischen Durchblicke der *Aeneis* ab, weil auch in diesen Urzeit und Gegenwart die eigentlichen Pole sind und die Zwischenzeit relativ und kurz und variierend behandelt wird. Die Frage, ob die *Aeneis* Mythos oder Geschichte sei, wird ebenfalls von dieser Deutungsfigur erklärt: Die *Aeneis* ist (mythische) Konstruktion von Urgeschichte zur Deutung der Gegenwart[183].

Neben dem Prozeß des Wandels der mythischen Urgeschichte in der augusteischen Dichtung ist unter dem Aspekt der Bewegung, des Prozesses, der Veränderung des aitiologischen Denkens auch das ovidische Epos *Metamorphosen* zu nennen. Hier geht es nun nicht um Aitiologie augusteischer Gegenwart, sondern um die der menschlichen Bedeutung von Welt, der Lesbarkeit der Welt auf menschliches Wesen und Geschick hin[184]. Aber selbst in dieser universalen Anthropologie nimmt noch römische Geschichte und augusteische Gegenwart mit einer Fülle von Aitien einen beträchtlichen Raum ein, nämlich von der Troja- und Aeneassage an bis zur Apotheose des Augustus und Ovids (*met.* 12,1–15,879).

---

[183] Ausführlicher zur Erklärung der *Aeneis* in der vorgeschlagenen Weise: Schmidt (2001a).
[184] Vgl. Schmidt (1991).

9. Kapitel

Apolitische Privatheit und historisch-gesellschaftlich-politisches Interesse und Engagement als Spannung in der augusteischen Dichtung

In den vorangegangenen Kapiteln erschien die augusteische Dichtung als vorwiegend oder sogar ausschließlich durch Geschichte und Politik bestimmt, d.h. also, um es abkürzend zu sagen, so, als ob etwa die Liebesdichtung nicht eigentlich augusteisch sei. Allenfalls im Zusammenhang der dichterischen Existenz wurde so etwas wie der Entwurf einer privaten Lebensform, individueller Lebensführung sichtbar.

Um nun die These dieses Kapitels, die diesen Eindruck korrigieren wird, zu exponieren, sei zuerst betont, daß auch hier 'augusteisch' meint: 'typisch für die augusteische Literatur'; 'augusteisch' ist nicht von vornherein mit 'pro-augusteisch' innerhalb der Alternative 'pro-augusteisch' – 'anti-augusteisch' gleichzusetzen und bedeutet nicht eo ipso Bejahung des Augustus und des Prinzipats. Die zweite Vorbemerkung betrifft die Kontinuität von der Poesie der Fünfziger Jahre zur augusteischen Dichtung hin. Sowohl Lukrez als auch Catull und, soweit wir das noch zu beurteilen vermögen, die Neoteriker generell vertreten persönliche Poesie. Sie stellen das individuelle Subjekt, das Ich, die private Existenz, Lebensform, Glückssicherung in das Zentrum, dies jedoch nur selten und nicht prominent in Ablehnung traditioneller am Staat orientierter römischer Lebensformen.

Demgegenüber ist die augusteische Dichtung von der Spannung zwischen privater und politischer Lebensform gekennzeichnet. Man kann drei Varianten unterscheiden.

1. Die explizite Diskussion eben dieser Alternative innerhalb einer Dichtung. Sie liegt z.b. vor in den *recusatio*-Gedichten, in Dichtungen der elegischen Lebenswahl (z.B. Tibull 1,1), in den Passagen der 'Versuchung' des Helden in der *Aeneis* sowie in deren Gesamtproblematik.

2. Die implizite Spannung von Gedichtbüchern. Sie findet sich insbes. in Horazens *Epoden*buch und seinen *Oden*büchern, zu denen Viktor Pöschl in seiner Abhandlung „Horaz und die Politik"[185] die für Horaz konstitutive Spannung zwischen Politik und Privatheit, Staat und individuellem Glücksstreben aufgezeigt hat.

3. Die implizite Spannung, in der Werke der augusteischen Zeit innerhalb des Systems der augusteischen Literatur zu Gegentendenzen stehen. D.h. unter der Voraussetzung eines Systems, wie es die bisherigen Thesen wahrscheinlich gemacht haben, und insbesondere eines gesamtaugusteischen Gesprächszusammenhangs und gemeinschaftlichen Diskurses, darüber hinaus einer gemeinsamen Leserschaft und eines öffentlichen Resonanzraums erscheinen auch die Texte persönlicher Dichtung auf die genannte Grundspannung bezogen, die einen expliziten Bezug nicht erkennen lassen.

Die Beurteilung der Ablehnung traditioneller Lebensformen in Militär und Staat, der Verwerfung des Krieges und der Jagd nach Geld als Facetten der augusteischen Dichtung ist nicht einfach und kann wohl auch nicht in jeder Hinsicht einheitlich sein. Immerhin läßt sich wohl doch ein gewisser Einheitsaspekt ausmachen, nämlich der nicht anti-augusteische Charakter dieser Haltungen. Es ist in meinen

---

[185] Pöschl (1956).

Augen ein Mißverständnis, Recusationsgedichte und private Lebenswahl mit Ablehnung öffentlicher Lebensformen als anti-augusteisch zu betrachten, wie es immer wieder in Interpretationen und Gesamtdeutungen der augusteischen Elegie geschieht.

Die Diversifikationen nach Sachgehalt und Herkunft vor dem Hintergrund dieser zunächst nur negativ bestimmten Einheitlichkeit sind in der folgenden Weise zu beschreiben und zu erklären:

1. Das in der spätrepublikanischen Dichtung errungene Selbstverständnis dichterischer Existenz und individueller Lebenswahl wird infolge der Erfahrungen der Bürgerkriege bekräftigt und programmatisch verschärft. Als einer der Entwürfe zur Überwindung der Bürgerkriege stehen solche Dichtungen keineswegs quer zu den leitenden Tendenzen der Zeit in der Literatur.

2. Die Verlagerung des Machtgefüges und der politischen Verantwortung auf den Prinzeps und die Zurückhaltung in bezug auf Krieg als Mittel der Außenpolitik, d.h. der ökumenische Charakter der *Pax Augusta*, sind Zeitfaktoren, mit denen Kriegsablehnung, Privatheit, Quietismus, Staatsenthaltsamkeit in der Dichtung durchaus korrespondieren[186].

3. Existenzielle und moralistische Traditionen aus der griechischen archaischen Lyrik, der hellenistischen Philosophie und der moralistischen römischen Topik, wie sie in der augusteischen Dichtung restauriert werden, stehen dem Programm moralischer Reform des Prinzeps nicht fern.

Im Blick auf die augusteische Elegie legt sich daher sogar die Einsicht nahe, sie sei in ganz besonderer Weise pro-augusteisch. Das Leben der Privatheit, der entpolitisierten Muße wendet sich nicht

---

[186] Vgl. auch Conte (1997) 194: „Doch ist auch dieser Rückzug ins Private letztlich bloß die andere Seite des neuen politischen Systems."

gegen den augusteischen Staat, sondern setzt ihn voraus und unterstützt seine politisch-gesellschaftlichen Tendenzen.

10. Kapitel

Universalisierung in der augusteischen Dichtung und die Entstehung des Weltgedichts. Metaphern und Synekdochen für Fragen allgemeinerer Gültigkeit

Die augusteische Dichtung behandelt ihre Probleme so, daß diese zu Metaphern und Synekdochen für Fragen allgemeinerer Gültigkeit werden. Sie ist daher durch Universalisierung und die Entstehung des Weltgedichts gekennzeichnet[187]. Die Begründung dieser These erfolgt im kritischen Referat zweier bewunderter Aufsätze von Ernst Zinn und Viktor Pöschl. Zinns grundlegender, weit ausgreifender[188] und zugleich gedrängter Essay „Die Dichter des alten Rom und die Anfänge des Weltgedichts" erschien 1956 in „Antike und Abendland". Mit dem 'alten Rom' ist das antike Rom gemeint, und die Dichter, die Zinn im Auge hat, „sind vornehmlich die des letzten vorchristlichen Jahrhunderts, der ausgehenden Republik und der Zeit

---

[187] Als Analogien bei Kuhn (1980) verzeichne ich (i) seine Bestimmung der Qualität eines Textes als „Umfang und Niveau seines 'Sprachspiels' als 'Lebensform'" (12), (ii) seine Rede von „stärkster anthropologischer Dichte in konkreter historischer Situation" oder „höchster anthropologischer Intensität", auch von „anthropologische(r) Relevanz' oder von „Umfang und Niveau der anthropologischen Situation" (12, 15, 54, 65) und (iii) den wiederholten Aufweis, daß ein Werk eine Summe, eine Welt darstelle (18; 33: „'Summe des Lebens'"; 35; 37: „'Summe der Geschichte'", „Welt-Ganzheit"; 38; 42; 43; 45; 47).

[188] Mein Referat muß vieles übergehen (so insbes. die großartig-souveräne Skizze der griechischen Geistesgeschichte, 11–17); auf den 20 Seiten dieses Essays wird gewissermaßen ein Gesamtbild der antiken Geisteskultur gegeben.

des Augustus: Lucrez, Vergil, Horaz, Ovid, vor allen diese vier" (7).
Es wird sich zeigen, daß im Sinn von Zinns eigenen Prämissen
Lukrezens Gedicht ausgenommen werden muß und es daher um die
Begründung des 'Weltgedichts' als Eigenart und Leistung der augu-
steischen Literaturepoche und der Dichter des augusteischen Rom
geht.

Der Ausdruck „Weltgedicht" begegnete vor dieser Studie nur
gelegentlich und zwar seit dem 19. Jh. für Werke wie Dantes
Göttliche Komödie, Miltons *Verlorenes Paradies*, Goethes *Faust*.
Zinn versteht unter „Weltgedicht" „eine Dichtung, deren Gegenstand 'Die Welt' ist: das Gedicht des Lucrez trägt sogar diesen Titel:
„Die Welt" (De rerum natura); also das Weltganze (Natur und
Menschenwelt, Physis und Bios: 'Kosmos' im griechischen Sinne)
als Gegenstand und Thema der Dichtung, sei es eines einzelnen
Werks, sei es des Gesamtwerks eines Dichters". Er unterscheidet
„dies Thematisch-Gegenständliche" von dem „emblematischen Enthaltensein des 'Ganzen' von Welt und Leben in einem einzelnen
dichterischen Gebilde begrenzten Umfanges und exemplarischen
Gegenstands" (7).

Dem Ausdruck 'emblematisches Enthaltensein' scheint 'Parabel' zu entsprechen, in dem Sinn, in dem Kahler den modernen
Roman als Parabel versteht[189]; im Kontext heutiger literaturwissen-
schaftlicher Diskurse würde man wohl von 'Synekdoche' sprechen.

Zinn stellt die These auf, Weltgedicht sei erst römisch, und
bekräftigt so den „'Scharnier'-Charakter" (7) der Römer zwischen
den Griechen und uns. Er sieht weiter die Frage nach dem Rang der
Dichtung am Ende des 1. Jhs. im Zeichen der Wahrheit gestellt und
von den großen Dichtern so entschieden, daß sie aller europäischen

---

[189] von Kahler, Erich Untergang und Übergang der epischen Kunstform (1952). In: ders.:
Untergang und Übergang. Essays, München 1970, 7–51; hier: 41: „der Roman verwandelt
sich zur Parabel".

Dichtung danach den Maßstab gebe: Dichtung „als eine[r] eigenständige[n] Weise der geistigen Orientierung im Ganzen und [der] Schaffung eines umfassenden Weltbildes" (17).

Man erkennt, daß Lukrezens Gedicht im Blick auf die von Zinn benannten Konstitutiva von Weltgedicht eine Sonderstellung einnimmt: Es ist die einzige Dichtung, die von der Welt nicht 'emblematisch', sondern gegenständlich handelt; es beansprucht nicht eine eigene dichterische Wahrheit, sondern ist „als dichterische Konzeption [. . .] noch gröblich heteronom, weil den Gedanken der fertigen Philosophie entlehnend" (18).

Die großen Dichtungen der augusteischen Zeit sind es also, die sich den Titel 'Weltgedicht' vindizieren können. Zinn charakterisiert entsprechend, nämlich jeweils auf die poetisch autonome Wahrheit deutend, die *Aeneis*, Horazens Gesamtœuvre und die *Metamorphosen* (19 f.)[190] und bezieht nun auch (20), mit überzeugender Begründung, Vergils *Georgica* mit ein, da sie „universell orientiert" seien „durch das Bedeutsame der Einzelbehandlung als Musterfall für menschliches Tun und Leben in der Welt, in der Natur"; Vergil verleihe dem „speziellen Stoffe" „symbolische Tragweite und Gültigkeit".

Die Römer haben, so Zinn, mit diesen universalen Dichtungen „den dichterischen Universalismus im Mittelalter und in der Renaissance und im Barock, ja darüber hinaus" gestiftet (20): „Die römischen Gattungen, im letzten vorchristlichen Jahrhundert neu konstituiert, entfalten sich fürderhin aus eigenen Wurzeln" (21), ohne neuen wesentlichen Anstoß von Griechenland her. Schließlich sieht Zinn (25 f.) im Universalismus der römischen, d.h. also der augusteischen, Dichtung „entscheidend Neuartiges gegenüber Griechenland": „dichterisches Bewußtsein als höchstes Epochenbewußtsein

---

[190] Daß ich weder die *Aeneis*- noch die *Metamorphosen*deutung für angemessen halte, ist in diesem Zusammenhang unwesentlich.

[. . .], Selbstoffenbarung des Individuums als Vergegenwärtigung der ganzen Fülle und Breite des Menschlichen; die dichterische Bildwerdung der Welt als eines einheitlichen und sinnvollen Ganzen von Natur und Geschichte; die Erhebung des allegorisch verstandenen und allegorisch nachgestalteten Mythos zu symbolischer Wirkungskraft[191]; dichterischer Humor als wahrhafte Aussageform und echte Wirklichkeitserfassung[192]. Und nicht minder, was neben dem Gestalten das Wirken betrifft: dichterische Einheit und Universalität als Ausdrucksform imperialer Geistesmacht; Heiligung des dichterischen Worts [. . .]; dichterisches Bewußtsein als Sendungsbewußtsein, Dichtertum als 'Priestertum', die Dichtung als Trägerin und Vollzieherin einer Mission."

„Das Ich als Weltmittelpunkt liegt auch dem griechischen Weltbild, der Anschauung und dem Begriff des Kosmos zu Grunde. Neu im Lateinischen ist die Zentrierung in Rom: der Mittelpunkt ist gegeben, dort hat jedes Ich seine Rückendeckung und umfaßt von dort das Ganze oder Ausschnitte [. . .] des Ganzen." Zinn schließt mit einem Zitat aus „einem der jüngsten Bücher von Rudolf Kassner": „Dichter sind da, damit Mitte der Welt und Mitte des einzelnen Menschen einmal zusammenfallen."

Ich fasse die Einsichten dieses großartigen Essays im Blick auf die These, unter welche die ausführlichen Zitate hier gestellt sind, zusammen. Die Dichtungen, die Zinn als Weltgedichte versteht und deutet, sind augusteisch; Zinn spricht in Wahrheit nicht vom 'alten Rom', sondern von der augusteischen Literaturepoche. Der Universalismus hängt mit allen in der vorliegenden Studie benannten Systemelementen zusammen; er ist einerseits ein weiteres Systemelement, andererseits die Summe aller anderen Aspekte.

---

[191] Zinns Fehldeutung des poetischen Verfahrens Vergils in der *Aeneis*.
[192] Hier wirken alte Vorurteile vom Wesen der horazischen Lyrik nach.

Zinns Unterscheidung zwischen tatsächlicher umfassender Welt-darstellung und bloß emblematischer, sinnbildlicher usf. läßt sich für die augusteische Dichtung nicht halten. Wenn man die Zentrierung auf Rom einerseits bedenkt (römische Geschichte, römische Politik, römische Gegenwart) und die Zentrierung auf das eigene Leben, die eigene Individualität und Subjektivität andererseits, erkennt man, daß Rom und Ich exemplarisch, repräsentativ usf. für Geschichte, Gesellschaft, Staat, Politik, Krieg, Frieden usf., für Menschsein, Menschlichkeit, menschliche Existenz, Lebensglück usf. stehen. D.h. die Dichtung ist konkret und spezifisch, die Bedeutung oft allgemein und universal. Solches Dichten ist symbolisch (nicht allegorisch); man kann auch von synekdochischem Dichtungsver-fahren sprechen. Die großen augusteischen Dichter stellen das Rö-mische, die eigene Zeit, die eigene Person als Synekdochen des Menschlichen, der conditio humana, dar.

Viktor Pöschls Aufsatz „Grundzüge der augusteischen Klassik" ist zuerst 1970 erschienen und im ersten Band seiner Kleinen Schrif-ten wieder abgedruckt worden[193]. Die augusteische Dichtung verbür-ge uns die Einheit der griechisch-römischen Kultur insofern, als sie „eine Metamorphose der griechischen" und „lebenskräftige Neu-schöpfung" sei (21). Denn es handle sich nicht um Abhängigkeit wie im Stemma von Handschriften, sondern um „schöpferische Prozes-se" „an bereits Vorgestaltetem". Augusteische Dichter orientieren sich bewußt an griechischen Vorbildern. Diese werden in das eigene mit ihnen wetteifernde Werk integriert und gelegentlich geradezu in „Mosaiktechnik" eingebaut (22). Die entstehende Dichtung ist daher griechisch und römisch zugleich, der „ideale Ausgleich von Grie-chischem und Römischem" (24). Das Griechische an der auguste-

---

[193] Pöschl (1970b), zitiert mit den Seitenzahlen des Abdrucks in Pöschl (1979) 21–34. Auch wo im folgenden referiert und nicht zitiert wird, setze ich Pöschls Redeweise von Klassik nicht in Anführungszeichen.

ischen Dichtung erhöhe den Kunstcharakter und steigere die darge-
stellte Wirklichkeit.

Indem diese Römer die Griechen zu ihrem Modell nahmen, haben
sie die griechische Dichtung erst 'klassisch' gemacht, d.h. als mu-
stergültig und exemplarisch verstanden. „Sie erst haben die griechische Klassik sozusagen kreiert und sind dadurch selber klassisch
geworden" (23), sagt Pöschl unter Anspielung auf das bekannte Wort
Winckelmanns. Die Orientierung am Vorbild ist von dem Ehrgeiz
getragen, selbst Vorbild zu werden (24).

Der Wille zu Vorbildlichkeit und Wirkung führt zur „Monumentalität der augusteischen Klassik, und dies ist der zweite Grundzug
dieser Zeit. Der monumentale Stil ist von einer sprachlichen Zucht
und einer Ausdrucksenergie getragen, die die lateinische Dichter-
sprache auf ihren Gipfel führte" (24). Pöschl vergleicht (25) die
augusteische Dichtung mit der griechischen Klassik in der bildenden
Kunst. Proportion, Symmetrie, Kontrast, die Vereinigung von Größe und Einfachheit, von Klarheit, Anschaulichkeit, Idealität, Natür-
lichkeit, die Konzentration auf das Wesentliche und Bedeutsame:
Dies seien Strukturprinzipien der augusteischen Klassik in der Dichtung und der griechischen Klassik in Architektur, Statue und Bild-
relief wie Giebelkomposition.

Als dritten Grundzug der augusteischen Dichtung nennt Pöschl
„den Griff nach dem Ganzen". In der Verschmelzung des Griechischen und Römischen will die Dichtung der Zeit „Synthese und
Summe der bisherigen Kulturentwicklung und der bisher angesam-
melten Erfahrung sein und Synthese und Summe ihrer Zeit, indem
sie die wichtigsten Bereiche und Probleme des Lebens im Spiegel
der Dichtung exemplarisch darzustellen sucht" (26). Pöschl zeigt
dies an Vergils erster *Ekloge*, die er „das Gründungsmanifest der
augusteischen Klassik" nennt. Hirtenwelt, Bürgerkrieg, Rom und
der Herrscher werden zueinander in Beziehung gesetzt. Die unpoli-
tischste aller Dichtungsgattungen, die theokritische Bukolik, werde

politisch und aktuell, umfasse die Spannungen der Zeit und ihrer Menschen sowie der dichterischen Existenz (26).

Als vierten Grundzug der augusteischen Klassik führt Pöschl „ihre architektonische Bauform" an, die oft durch strenge Axialsymmetrie, Hinordnung auf eine Mitte gekennzeichnet sei. So steht in den 83 Versen der ersten *Ekloge* der Vers „hic illum vidi iuvenem" (v.42a) genau in der Mitte, und in der *Ode* 3,30, „Exegi monumentum", bilden die Mittelachse die beiden Verse, die das Wachsen von Horazens Ruhm mit der Ewigkeit Roms in seiner sakralen Repräsentation aussagen: „crescam laude recens, dum Capitolium / scandet cum tacita virgine pontifex" (v.8–9 von insgesamt 16 Versen). Gerade römische Architektur im Sinn nicht des Einzelbaus, sondern der Platz- und Stadtanlage, ist von strenger Axialität bestimmt, vom Fortunatempel von Palestrina bis zum Augustusforum 2 v. Chr. So ist auch die *Aeneis* durch Hervorhebung ihres Zentrums gekennzeichnet, die römischen Bücher V–VIII. Pöschl charakterisiert schematisch den Aufbau der *Aeneis* so: „Odyssee – Romais – Ilias"(27). Ein derart geordneter Aufbau mit Kontrasten und Spiegelungen, mit Symmetrien und Proportionen werde selbst zum Abbild und Sinnbild der Ordnung der Welt, einer Ordnung, die Spannungen und Polaritäten umgreife.

Die Tendenz der augusteischen Klassik zum Prinzipiellen und Programmatischen erscheint als fünfter Grundzug. Alles Einzelne und Konkrete werde nicht seiner zufälligen Aspekte wegen dargestellt, sondern auf das Wesen hin, das Allgemeine. Die Gattungen erweitern sich über ihren ursprünglichen Lebensbezug hinaus zum Grundsätzlichen. „So wird Vergils Gedicht über den Landbau zu einer Deutung des Lebens und Vergehens in der Natur. Das Lehrgedicht wird zu einer Heilslehre, der der Dichter die Kraft zuschreiben kann, von den Schmerzen des Lebens zu befreien [. . .]. Horazens Geleitgedicht an Vergil (*c.* 1,3), das den Schutz der Meeresgötter für eine Seefahrt erfleht – ein Gelegenheitsgedicht also, aus einem bestimmten Anlaß verfaßt – wird zu einer Besinnung über die Vermessenheit des Menschen" (28). Die augusteische Dichtung nimmt wesentliche Gehalte der griechischen Lebensphilosophie auf und setzt sich geradezu an deren Stelle. Philosophische Vertiefung ist für sie charakteristisch, und dies hängt auch mit ihrem Abzielen auf das Grundsätzliche und Allgemeine zusammen (28 f.). Neben dem Allgemeinen und Idealen, dies ein weiteres Charakteristikum nach Pöschl, steht das Konkrete und Reale. So in den *Georgica* reale Details der Landwirtschaft, in der *Aeneis* antiquarische Details Altitaliens, bei Horaz das Konkrete, Pragmatische, Alltägliche, Reale neben dem Grundsätzlichen und neben dem Großartigen.

Das Persönlich-Individuelle tritt stärker hervor als in der griechischen Klassik (30). Die augusteische Dichtung erhöht die persönliche Welt, den privaten Bereich, als Leben der Muße, der Liebe, der Freundschaft, der Freiheit. Damit bekomme das individuelle Leben „eine Würde", die es „in der römischen Welt vorher nicht besessen hatte" (32).

Ein wesentliches Formelement ist „die Durchdringung der Dichtung mit Gefühl, ihre Lyrisierung" (30). Gerade mit dem Nachweis dieser Lyrisierung hatte Pöschl in seinem Buch „Die Dichtkunst Virgils. Bild und Symbol in der Äneis" (1950), Richard Heinze und Rudolf Borchardt weiterführend[194], das Verständnis vergilischen Dichtens substanziell gefördert. Das Architektonische werde „durch eine musikalische Bewegung verschleiert, die zugleich Seelenbewegung ist" (30). „Die klassische Dichtung Roms ist von Musik erfüllt. Mit der Hirtenflöte des Tityrus hebt sie an" (31).

Diese „Durchtränkung mit Empfindung ist ein wesentlicher Aspekt des Gesamtphänomens der lateinischen Humanität, von der die augusteische Dichtung Zeugnis ablegt" (31). Die Menschlichkeit

---

[194] Vgl. Schmidt (1994) 112 ff.

ist ein Grundzug der augusteischen Dichtung; sie vermittelt in dieser Eigenheit zwischen der griechischen und der christlichen Welt. Vergilische Hirten und Gestalten der *Aeneis* sind von dieser lateinischen Humanität so geprägt wie der Ton der horazischen Dichtung, ihr menschlicher Takt. „So haben die augusteischen Dichter Leitbilder für die europäische Zivilisation und Humanität geschaffen" (32). In der augusteischen Dichtung bilden Staat und Kultur eine Einheit (32). Der politische Charakter einiger der großen Dichtungen (*Aeneis*; *Römeroden*) muß auch von dem Erziehungswillen der Dichter her verstanden werden, Bürgerkultur, Zivilisation zu schaffen.

Die an dieser Stelle hervorzuhebende Einsicht, in der beide Studien konvergieren, ist die der Monumentalität und Universalität augusteischer Dichtungen. Dieser Charakter verbindet sich mit einer Vielzahl anderer Eigenheiten, die in den verschiedenen Thesen dieser Abhandlung bezeichnet worden sind.

Literaturverzeichnis

von Albrecht (1994) = von Albrecht, Michael: Geschichte der römischen Literatur, 2 Bde., München 1994²

Binder (1971) = Binder, Gerhard: Aeneas und Augustus. Interpretation zum 8. Buch der Aeneis, (Beiträge zur klass. Philologie, Heft 38), Meisenheim am Glan 1971

Binder (I: 1987; II: 1988; III: 1991) = Binder, Gerhard (ed.): Saeculum Augustum I–III, Darmstadt 1987–1991 (I: Herrschaft und Gesellschaft; II: Religion und Literatur; III: Kunst und Bildersprache)

Bringmann (1977) = Bringmann, Klaus: Weltherrschaft und innere Krise Roms im Spiegel der Geschichtsschreibung des zweiten und ersten Jahrhunderts v. Chr., Antike und Abendland 23 (1977) 28–49

Buchheit (1963) = Buchheit, Vinzenz: Vergil über die Sendung Roms. Untersuchungen zum Bellum Poenicum und zur Aeneis, (Gymn. Beihefte, Heft 3), Heidelberg 1963

Buchheit (1972) = Buchheit, Vinzenz: Der Anspruch des Dichters in Vergils Georgika. Dichtertum und Heilsweg, (Impulse der Forschung, Band 8), Darmstadt 1972

Büchner (1959) = Büchner, Karl: P. Vergilius Maro. Der Dichter der Römer, Sonderdruck aus der RE, Stuttgart 1959

Commager (1962) = Commager, Steele: The Odes of Horace. A Critical Study, Yale University Press 1962

Conte (1997) = Conte, Gian Biagio: Die Literatur der Augusteischen Zeit. In: Graf, Fritz (ed.): Einleitung in die Altertumswissenschaft: Einleitung in die lateinische Philologie, Stuttgart und Leipzig 1997, 192–227

Crook (1996) = Crook, J.A.: Political History, 30 B.C. to A.D.14 und Augustus: Power, Authority, Achievement, in: The Cambridge Ancient History, vol. X, Cambridge 1996², 70–146 (= Kap. 2 und 3)

Dahlheim (1997) = Dahlheim, Werner: Augustus. In: Clauss, Manfred (ed.): Die römischen Kaiser. 55 historische Portraits von Caesar bis Justinian, München 1997, 26–50

Dihle (1989) = Dihle, Albrecht: Die griechische und lateinische Literatur der Kaiserzeit. Von Augustus bis Justinian, München 1989

DuQuesnay (1977) = DuQuesnay, Ian M. Le M.: Vergil's Fourth Eclogue. (Papers of the Liverpool Latin Seminar 1, 1976), Arca 2 (1977) 25–99

Eck (1998) = Eck, Werner: Augustus und seine Zeit, München 1998

Flashar (1979) = Flashar, Hellmut (ed.): Le Classicisme à Rome aux 1ers siècles avant et après J.-C. (Entretiens sur l'antiquité classique 25), Vandœuvres-Genève 1979

Fuhrmann (1968) = Fuhrmann, Manfred: Die Funktion grausiger und ekelhafter Motive in der lateinischen Dichtung. In: Jauss, H.R. (ed.): Die nicht mehr schönen Künste. (Poetik und Hermeneutik III), München 1968, 23–66

Fuhrmann (1974a) = Fuhrmann, Manfred (ed.): Römische Literatur. (Neues Handbuch der Literaturwissenschaft Bd. 3), Frankfurt a.m. 1974

Fuhrmann (1974b) = Fuhrmann, Manfred: Die römische Literatur. In: Fuhrmann (1974a) 1–32

Fuhrmann (1983) = Fuhrmann, Manfred: Die Geschichte der Literaturgeschichtsschreibung von den Anfängen bis zum 19. Jahrhundert. In: Cerquiglini, B. u. Gumbrecht, H.U. (edd.): Der Diskurs der Literatur- und Sprachhistorie. Wissenschaftsgeschichte als Innovationsvorgabe, Frankfurt a.M. 1983, 49–72

Fuhrmann (1988) = Fuhrmann, Manfred: Klassik in der Antike. In: Simm, Hans-Joachim (ed.): Literarische Klassik, Frankfurt a. M. 1988, 101–119

Fuhrmann (1992) = Fuhrmann, Manfred: Die Dichtungstheorie der Antike. Aristoteles – Horaz – 'Longin'. Eine Einführung, Darmstadt 1992^2 (1973^1)

Fuhrmann (1999) = Fuhrmann, Manfred: Geschichte der römischen Literatur, Stuttgart 1999

Galinsky (1996) = Galinsky, Karl: Augustan Culture. An Interpretive Introduction, Princeton University Press 1996

Gatz (1967) = Gatz, Bodo: Weltalter, goldene Zeit und sinnverwandte Vorstellungen. (Spudasmata Band 16), Hildesheim 1967

Gelzer (1975) = Gelzer, Thomas: „Klassik und Klassizismus", Gymn.82 (1975), S.147–173

Gelzer (1979) = Gelzer, Thomas: Klassizismus, Attizismus und Asianismus. In: Flashar (1979), S.1–55

Haug (1997) = Haug, Walter: System, Epoche und Fortschritt. Fragen an Niklas Luhmann. In: Herzog-Koselleck (1987) 543–546

Heldmann (1980) = Heldmann, Konrad: Dekadenz und literarischer Fortschritt bei Quintilian und bei Tacitus. Ein Beitrag zum römischen Klassizismus, Poetica 12 (1980) 1–23

Heldmann (1982) = Heldmann, Konrad: Antike Theorien über Entwicklung und Verfall der Redekunst. (Zetemata, Heft 77) München 1982

Herzog-Koselleck (1987) = Herzog, Reinhart und Koselleck, Reinhart (edd.): Epochenschwelle und Epochenbewußtsein. (Poetik und Hermeneutik XII), München 1987

Heuß (1946) = Heuß, Alfred: Die archaische Zeit Griechenlands als geschichtliche Epoche, Antike und Abendland 2 (1946) 26–62

Hidber (1996) = Hidber, Thomas: Das klassizistische Manifest des Dionys von Halikarnass. Die Praefatio zu *De oratoribus veteribus*. Einleitung, Übersetzung, Kommentar. (Beitr. zur Altertumskunde Band 70), Stuttgart und Leipzig 1996

Hölscher (1987) = Hölscher, Tonio: Römische Bildsprache als semantisches System. (Abh. der Heidelberger Ak. d. Wiss.), Heidelberg 1987

Hölscher (1992) = Hölscher, Tonio: Griechische Formensprache und römisches Wertesystem: kultureller Transfer in der Dimension der Zeit. In: Gaehtgens, Thomas W. (ed.): Künstlerischer Austausch – Artistic Exchange. Akten des XXVIII. Internationalen Kongresses für Kunstgeschichte Berlin, 15.–20.7.1992, Band 1, Berlin 1993, 79–92

Hoffmann (1969/1987) = Hoffmann, Wilhelm: Der Widerstreit von Tradition und Gegenwart im Tatenbericht des Augustus (zuerst in: Gymn. 76, 1969, 17–33) in: Binder I (1987) 92–110

Kießling-Heinze = je nach Zusammenhang der Kommentar zu Horaz, Oden und Epoden, Satiren oder Briefen von Adolf Kießling und Richard Heinze (1964[11], 1957[6], 1957[5])

Kirsch (1985) = Kirsch, Wolfgang: Die Augusteische Zeit. Epochenbewußtsein und Epochenbegriff. In: Klio (1985) 43–55

Klio (1985) = Klio. Beiträge zur Alten Geschichte, Band 67 (1985), Heft 1 (Beiträge der Internationalen Wissenschaftlichen Konferenz „Die Kultur der Augusteischen Zeit", Jena 8.–11.6.1982)

Krämer (1965) = Krämer, Hans Joachim: Die Sage von Romulus und Remus in der lateinischen Literatur. In: Synusia. FS W. Schadewaldt, Pfullingen 1965, 355–402

Kuhn (1980) = Kuhn, Hugo: Entwürfe zu einer Literatursystematik des Spätmittelalters, Tübingen 1980

Loehr (1996) = Loehr, Johanna: Ovids Mehrfacherklärungen in der Tradition aitiologischen Dichtens. (Beiträge zur Altertumskunde Bd. 74), Stuttgart und Leipzig 1996

Luhmann (1987) = Luhmann, Niklas: Paradigmawechsel in der Systemtheorie. Ein Paradigma für den Fortschritt? In: Herzog-Koselleck (1987) 305–322

Matz (1997) = Matz, Wolfgang: Restitutio in integrum. Rudolf Borchardt und Hugo von Hofmannsthal: Auch eine Poetik der Moderne. In: Neue Rundschau 108, Heft 4 (1997) 25–37

Most (1989) = Most, Glenn W.: Zur Archäologie der Archaik, Antike und Abendland 35 (1989) 1–23

Pöschl (1956) = Pöschl, Viktor: Horaz und die Politik. (SB d. Heidelberger Ak. d. Wiss. 1956 [1963²]); wieder abgedruckt in: Pöschl (1979) 145–177

Pöschl (1970a) = Pöschl, Viktor: Horazische Lyrik, Heidelberg (1970¹) 1991²

Pöschl (1970b) = Pöschl, Viktor: Grundzüge der augusteischen Klassik (1970). In: Pöschl (1979) 21–34

Pöschl (1979) = Pöschl, Viktor: Kunst und Wirklichkeitserfahrung in der Dichtung. Abhandlungen und Aufsätze zur Römischen Poesie. Kleine Schriften I, herausgeg. von W.-L. Liebermann, Heidelberg 1979

Pöschl (1981) = Pöschl, Viktor: Virgil und Augustus. In: ANRW II 31.2 (1981) 709–727

Schäfer (1983) = Schäfer, Eckart: Die Wende zur Augusteischen Literatur. Vergils Georgica und Octavian, Gymnasium 90 (1983) 77–101

Schmidt (1972) = Schmidt, Ernst A.: Poetische Reflexion. Vergils Bukolik, München 1972

Schmidt (1977) = Schmidt, Ernst A.: Amica vis pastoribus. Der Jambiker Horaz in seinem Epodenbuch, Gymnasium 84 (1977) 401–423 [= Schmidt (2002) 60–76]

Schmidt (1982) = Schmidt, Ernst A.: Lyrische Wirklichkeit bei Horaz, Deutsche Vierteljahrsschr. f. Literaturwiss. u. Geistesgesch. 56 (1982) 515–538 [= Schmidt (2002) 190–212]

Schmidt (1983) = Schmidt, Ernst A.: Vergils Glück. Seine Freundschaft mit Horaz als ein Horizont unseres Verstehens. In: Pöschl, Viktor (ed.): 2000 Jahre Vergil. Ein Symposion. (Wolfenbütteler Forschungen Bd. 24), Wiesbaden 1983, 1–36 [= Schmidt (2002) 154–174 und 316–334]

Schmidt (1985a) = Schmidt, Ernst A.: Catull. (Heidelberger Studienhefte zur Altertumswissenschaft), Heidelberg 1985

Schmidt (1985b) = Schmidt, Ernst A.: Geschichtlicher Bewußtseinswandel in der Horazischen Lyrik. In: Klio (1985) 130–138 [= Schmidt (2002) 286–296]

Schmidt (1987a) = Schmidt, Ernst A.: Historische Typologie der Orientierungsfunktionen von Kanon in der griechischen und römischen Literatur. In: Assmann, Aleida u. Jan (edd.): Kanon und Zensur. (Archäologie der literarischen Kommunikation 2), München 1987, 246–258

Schmidt (1987b) = Schmidt, Ernst A.: Bukolische Leidenschaft oder Über antike Hirtenpoesie. (Studien zur klassischen Philologie 22), Frankfurt a. M. – Bern – New York 1987

Schmidt (1988) = Schmidt, Ernst A.: Rezension von Putnam, Michael C. J.: Artifices of Eternity. Horace's Fourth Book of Odes, Ithaca/London 1986. In: Gnomon 60 (1988) 501–505

Schmidt (1990a) = Schmidt, Ernst A.: Notwehrdichtung. Moderne Jambik von Chénier bis Borchardt, München 1990

Schmidt (1990b) = Schmidt, Ernst A.: Σχῆμα Horatianum, Wien. Stud. 103 (1990) 57–98 [= Schmidt (2002) 335–379]

Schmidt (1991) = Schmidt, Ernst A.: Ovids poetische Menschenwelt. Die Metamorphosen als Metapher und Symphonie. (SB d. Heidelberger Ak. d. Wiss.), Heidelberg 1991

Schmidt (1993) = Schmidt, Ernst A.: Öffentliches und privates Ich. Zur Funktion frühgriechischen und alexandrinisch-neoterischen Epochenstils in Horazens Jambik. In: Most, Glenn W. u.a. (edd.): Philanthropia kai Eusebeia. FS A. Dihle, Göttingen 1993, 454–467 [= Schmidt (2002) 77–91]

Schmidt (1994) = Schmidt, Ernst A.: Rudolf Borchardts Vergilfeier 1930, Internat. Zeitschrift f. Philosophie, Heft 1, 1994, 96–122

Schmidt (1997) = Schmidt, Ernst A.: Sabinum. Horaz und sein Landgut im Licenzatal. (Schriften d. Heidelberger Ak. d. Wiss., phil.-hist. Kl.), Heidelberg 1997 [S.126–140 = Schmidt (2002) 485–498]

Schmidt (1998) = Schmidt, Ernst A.: Freedom and Ownership: A Contribution to the Discussion of Vergil's First Eclogue. Papers of the Leeds International Latin Seminar 10 (1998) 185–201

Schmidt (1999) = Schmidt, Ernst A.: Artikel „Literatur. V. Römisch. F. Augusteische Zeit", Neuer Pauly 7 (1999), Sp.300–303

Schmidt (2001a) = Schmidt, Ernst A.: Vergils Aeneis als augusteische Dichtung. In: Rüpke, Jörg (ed.): Von Göttern und Menschen erzählen. Formkonstanzen und Funktionswandel vormoderner Epik. (Potsdamer Altertumswissenschaftliche Beiträge Band 4), Stuttgart 2001, 65–92

Schmidt (2001b) = Schmidt, Ernst A.: Das Selbstverständnis spätrepublikanischer und frühaugusteischer Dichter in ihrer Beziehung zu griechischer und frührömischer Dichtung. In: L'histoire littéraire immanente dans la poésie latine. (Entretiens sur l'antiquité classique 47), Vandœuvres-Genève 2001, 97–142

Schmidt (2001c) = Schmidt, Ernst A.: Strukturmerkmale einer literaturgeschichtlichen Epoche: Die augusteische Litratur. In: Jaumann, H. u.a. (edd.), Domänen der Literaturwissenschaft. (Schnittpunkte. Greifswalder Studien zur Literaturwissenschaft und Kulturgeschichte. Band 2), Tübingen 2001, 191–212

Schmidt (2002) = Schmidt, Ernst A.: Zeit und Form. Dichtungen des Horaz,. (Suppl. zu den Schriften der Heidelberger Ak. d. Wiss. Phil.-hist. Kl.), Heidelberg 2002

Snell (1945) = Snell, Bruno: Arkadien. Die Entdeckung einer geistigen Landschaft (Antike und Abendland 1, 1945, 26–41). In: Snell (1955), 371–400

Snell (1955) = Snell, Bruno: Die Entdeckung des Geistes, Hamburg 1955[3]

Stroh (1971) = Stroh, Wilfried: Die römische Liebeselegie als werbende Dichtung, Amsterdam 1971

Stroh (1992) = Stroh, Wilfried: Horaz und Vergil in ihren prophetischen Gedichten, Gymn.100 (1993) 289–322

Syndikus I (1972) und II (1973) = Syndikus, Hans Peter: Die Lyrik des Horaz. Eine Interpretation der Oden, 2 Bde., Darmstadt 1972 und 1973

Winterbottom (1974) = Winterbottom, Michael (ed.): The Elder Seneca. 2 Bde., Cambridge/Mass. – London 1974 (Loeb), Bd.I: Introduction, vii–xxix

Wiseman (1985) = Wiseman, T.P.: Catullus and His World. A Reappraisal, Cambridge 1985 (Paperback 1987)

Wlosok (1993) = Wlosok, Antonie: Die römische Klassik: zur 'Klassizität' der augusteischen Poesie. In: Voßkamp, Wilhelm (ed.): Klassik im Vergleich. Normativität und Historizität europäischer Klassiken. DFG-Symposion 1990, Stuttgart-Weimar 1993, 331–347

Zanker (1979) = Zanker, Paul: Zur Funktion und Bedeutung griechischer Skulptur in der Römerzeit. In: Flashar (1979) 283–306

Zanker (1987) = Zanker, Paul: Augustus und die Macht der Bilder, München 1987

Zinn (1956) = Zinn, Ernst: Die Dichter des alten Rom und die Anfänge des Weltgedichts, Antike und Abendland 5 (1956) 7–26

Register

3. Personen, Begriffe, Sachen